Felix Auerbach
Das Zeisswerk und die Carl-Zeiss-Stiftung in Jena

SEVERUS Verlag

ISBN: 978-3-95801-579-1
Druck: SEVERUS Verlag, 2016
Nachdruck der Originalausgabe von 1907

Der SEVERUS Verlag ist ein Imprint der Diplomica Verlag GmbH.
Bibliografische Information der Deutschen Nationalbibliothek:
Die Deutsche Nationalbibliothek verzeichnet diese Publikation in der Deutschen National-
bibliografie; detaillierte bibliografische Daten sind im Internet über http://dnb.d-nb.de
abrufbar.

© SEVERUS Verlag, 2016
http://www.severus-verlag.de
Printed in Germany
Alle Rechte vorbehalten.
Der SEVERUS Verlag übernimmt keine juristische Verantwortung oder irgendeine
Haftung für evtl. fehlerhafte Angaben und deren Folgen.

Felix Auerbach

Das Zeisswerk und die Carl-Zeiss-Stiftung in Jena

Phot. von Bräunlich & Tesch, Jena.

DER ERINNERUNG

AN

SIEGFRIED CZAPSKI

GEWIDMET.

Vorwort zur ersten Auflage.

Es mag auf den ersten Blick auffallend erscheinen, daß ein Werk von so vorbildlicher wissenschaftlicher, technischer und sozialer Organisation wie das Zeiß-Werk in Jena, eine zusammenfassende Darstellung bisher noch nicht gefunden hat[1]). Bei näherer Ueberlegung wird diese Tatsache indessen vollkommen begreiflich. Denn die Berufensten zu einer solchen Darstellung, die Leiter und Mitarbeiter eines im raschesten Aufschwunge, in ungeahnter Ausdehnung begriffenen Unternehmens, haben weder Zeit noch Lust zum Rückblick und zur umfassenden Selbstbetrachtung. Für den Außenstehenden aber ist es außerordentlich schwer, einen Einblick in das Ganze zu gewinnen, der tief und klar genug wäre, um ihn ein nach Tatsachen, Entwickelung und Motiven authentisches Gemälde geben zu lassen. Und gerade um ein solches handelt es sich in Erwägung des Umstandes, daß in vieler Hinsicht, namentlich aber in Bezug auf die soziale Organisation, schiefe und geradezu falsche Ansichten über das Unternehmen verbreitet sind.

---

[1]) Anmerkung zur 2. Auflage. Ueber die Carl Zeiß-Stiftung als solche existierte bisher nur eine ausführliche Darstellung von sachlich-objektivem Charakter, aus der Feder von Julius Pierstorff: „Die Carl Zeiß-Stiftung, ein Versuch zur Fortbildung des großindustriellen Arbeitsrechts"; Leipzig 1897 (Abdruck aus Schmollers Jahrbuch, Bd. 21, Heft 2). Im übrigen beschränkt sich die Literatur auf Artikel in Zeitschriften und Zeitungen. Ich selbst habe fast nur das offizielle Material (Statut, Akten, Reden, Vorträge und Denkschriften von Abbe, Czapski u. a., sowie Kataloge und Prospekte der Firmen Carl Zeiß und Schott u. Genossen) benutzt. Ich bemerke dies hier generell, da ich der Kürze halber die Quellen nicht an den Einzelstellen zitieren möchte.

Dem Unterzeichneten ist es nun vergönnt gewesen, die Entwickelung des Zeiß-Werkes seit mehr als einem Jahrzehnt aus nächster Nähe zu beobachten, sich über sein Wesen aus eigener Anschauung zu orientieren und zu den leitenden Persönlichkeiten in nahe Beziehung zu treten; unter diesen Umständen war es für ihn ein naheliegender und anziehender Gedanke, den Versuch zu wagen, dessen Ergebnis hier vorliegt. Freilich war die Beschaffung, die Auswahl und die Gliederung des Materials, namentlich des historischen und des statistischen, nicht immer leicht und nur möglich dank der freundlichen Unterstützung von seiten verschiedener Mitarbeiter der Firma Carl Zeiß, die, ohnehin stark in Anspruch genommen, doch auch meinem Unternehmen noch ihr Interesse zu teil werden ließen. Ich spreche ihnen hiermit, ohne Namen zu nennen, meinen herzlichen Dank aus.

Die gedachte Unterstützung bezieht sich übrigens, was kaum noch besonders bemerkt zu werden verdient, lediglich auf die Beschaffung bezw. Kontrolle des tatsächlichen Materials; hiervon abgesehen trägt der Verfasser die alleinige Verantwortung.

Die tabellarischen Uebersichten und graphischen Darstellungen sind, um den Text nicht zu unterbrechen, an den Schluß gesetzt worden. Von den Abbildungen beruht der größte Teil auf Photogrammen, die in der Zeißschen Werkstätte selbst aufgenommen worden sind.

Jena, Mai 1903.

Dr. Felix Auerbach,
Prof. a. d. Universität.

Vorwort zur zweiten Auflage.

Wenn die erste Auflage dieser Schrift nach wenig mehr als einem halben Jahre vergriffen ist, so erblicke ich hierin in erster Reihe ein hocherfreuliches Zeichen für die Allgemeinheit des Interesses, das dem Zeiß-Werke und der Carl Zeiß-Stiftung mit ihren großartigen Leistungen und einzig dastehenden Organisationen dargebracht wird; in zweiter Reihe wird man mir wohl nachsehen, wenn ich darin ein Zeugnis dafür erblicke, die richtige Form und den rechten Ton für die Darstellung gefunden zu haben. Es ist daher auch an dem Text nicht viel geändert worden; wohl aber mußte bei dem regen Leben, das in dem Zeiß-Werke herrscht, in dem technischen Teile mancherlei hinzugefügt werden; und was den sozialen Teil betrifft, so habe ich auf vielfach geäußerte Wünsche hin einige Abschnitte nicht unwesentlich ausführlicher gestaltet, so namentlich die über die Löhne, den Achtstundentag, die Gewinnbeteiligung u. a. m. Auch einige Abbildungen sind neu hinzugekommen.

Auch diesmal wiederum habe ich für vielseitige Unterstützung bei der Neubearbeitung meinen wärmsten Dank auszusprechen.

Jena, Februar 1904.

Dr. Felix Auerbach,
Prof. a. d. Universität.

Vorwort zur dritten Auflage.

Im Laufe der drei Jahre, die seit dem Erscheinen der zweiten Auflage dieses Buches verflossen sind, haben sich die Betriebe der Zeiß-Stiftung weiter kräftig entwickelt. Die Zahl der Angestellten ist auf fast 2500 gestiegen, und die Zahl und Mannigfaltigkeit der Fabrikate ist erheblich gewachsen. Damit ist der Beweis erbracht, daß die Schöpfung Abbes auch jetzt noch lebens- und entwickelungsfähig ist, nachdem dieser unvergleichliche Mann für immer die Augen geschlossen hat, als Persönlichkeit unersetzlich, als Organisator fortlebend in dem Statut der Zeiß-Stiftung das, nach zehnjähriger Probezeit, nun seine endgültige Gestalt erhalten hat.

Da der Umfang der vorliegenden Schrift nicht wesentlich vergrößert werden sollte, mußte man sich bei den Ergänzungen tunlichst kurz fassen. Das gebotene Bild dürfte aber trotzdem auch diesmal wieder, dank der mir von allen Seiten freundlichst gewährten Hilfe, in allen wesentlichen Punkten vollständig sein.

Noch ist dieses Buch nicht hinausgegeben, und schon ist es durch die jähe, unerbittliche Wirklichkeit überholt: Siegfried Czapski ist von der Höhe des Lebens abgerufen worden. Ihm, dem lieben und verehrten Freunde, sei im Tode gewidmet, was ich dem Lebenden nicht mehr überreichen sollte.

Jena, Juli 1907.

Dr. Felix Auerbach,
Prof. a. d. Universität.

Inhalt.

Seite

1. Wissenschaft und Technik.

Einleitung	1
Die praktische Optik	2
Einheitlichkeit und Mannigfaltigkeit	5
Zur Vorgeschichte	7
Die neue Aera im Mikroskopbau	8
Ernst Abbe	17
Die Abbildung nichtleuchtender Objekte	20
Das neue Glas	25
Otto Schott	27
Die Erweiterung des Programms	32
Die mikroskopische Abteilung	34
Projektion und Mikrophotographie	40
Die photographische Abteilung	50
Die Astro-Abteilung	58
Die Erdfernrohr-Abteilung	66
Die Meßabteilung	83
Die räumliche Entwickelung	93
Ein Gang durch die Werkstätten	96

2. Wirtschaft und Wohlfahrt.

Die Besitzverhältnisse	109
Die Carl Zeiß-Stiftung	110
Allgemeine Normen für die Tätigkeit der Stiftung	115
Die Verwaltung der Stiftung und die Vorstände ihrer Betriebe	117
Die Verhältnisse der Angestellten	120
Die Gewinnbeteiligung	124
Das Verhältnis zwischen Unternehmer und Arbeiter	130
Die Arbeitszeit	132
Die besonderen Leistungen für die Angestellten	139
Die Patentfrage	144
Die Aufwendungen für die Universität	147
Das Volkshaus	149
Sonstige gemeinnützige Aufwände	154

Beilagen   Seite
   Angestellte bei Carl Zeiß 158
   Bauliche Entwickelung der Werkstätte . . . . . · 159
   Die wichtigsten Erfindungen und Neukonstruktionen 160
   Mitglieder der Geschäftsleitung von Carl Zeiß 161
   Wissenschaftliche Mitarbeiter bei Carl Zeiß 161
   Wissenschaftliche Mitarbeiter bei Schott u. Genossen 162
   Soziale und Wohlfahrtseinrichtungen 162

Einleitung.

Wenn es wahr ist, daß eine Lektüre in desto höherem Maße fesselt, je mehr sie in der Vielheit die Einheit erkennen läßt, je deutlicher sie vom Speziellen und Alltäglichen zum Allgemeinen und Außerordentlichen fortschreitet, so dürfen die hier vorliegenden Blätter das Interesse weiterer Kreise erhoffen. Denn der geschilderte Gegenstand ist ein einzelner von den Tausenden von gewerblichen Großbetrieben, welche die Menschheit versorgen; über alle Seiten dieses Betriebes wird berichtet, über seine historischen und sozialen Verhältnisse nicht minder als über seine wissenschaftlichen und technischen. Aber um Alles, was wir hören, schlingt sich ein gemeinsamer Faden, alles mündet auf ein einziges Ziel aus, alles wird beherrscht von der einen Idee: die Arbeit des Menschen, die nach der Schrift sein Köstlichstes ist, unter Bedingungen zu stellen, die sie auch wirklich dazu machen; sie in jeder Hinsicht so auszugestalten, daß sie nicht die Strafe, sondern der Lohn des Lebens sei.

Die Ideen und Bestrebungen, von denen hier die Rede ist, sind keineswegs neu, weder die wissenschaftlichen, noch die technischen, noch die sozialen. In vielen Köpfen schlummern sie ohne Zweifel seit langer Zeit, nicht selten sind sie auch zu einer Art von wachem Dasein gelangt. Aber neben manchen Teilerfolgen haben sie doch in überwiegendem Maße derartige Mißerfolge gezeitigt, daß man leicht an ihrem Werte hätte irre werden können. Sätze wie dieser: „Die Technik muß durchaus auf die Wissenschaft begründet werden", oder der andere: „Das Interesse der Arbeitgeber fällt mit dem der Arbeitnehmer zusammen" — diese und andere, hier in Betracht kommende Thesen haben, bei aller Verschiedenheit ihres Inhaltes, das Gemeinsame, daß sie sich sehr leicht — scheinbar — ad absurdum führen und nur sehr schwer trotzdem als richtig erweisen lassen. Es ist das Charakteristikum solcher Ideen, daß, wenn man sie nicht mit der größten Klarheit und Energie fortspinnt, allen Schwierigkeiten zum Trotz, sie nicht zu einem positiven, sondern im Gegenteil zu einem negativen Ergebnisse führen, nämlich zu der mehr oder weniger vagen Vorstellung: das sind alles recht schöne und gute Ideen, aber sie lassen sich nun einmal nicht in die Wirklichkeit umsetzen — das alte Lied von den frei beieinander wohnenden Gedanken und den sich hart im Raume stoßenden Sachen. Dieser bis zu einem gewissen Grade richtige Satz mußte eben erst überwunden werden, es bedurfte felsenfester Ueberzeugung und eisernen Willens, um zu beweisen, daß der Satz nur so lange richtig ist, als die Gedanken die Dinge ignorieren oder gar befehden, daß er aber hinfällig wird, sobald die Gedanken sich die Dinge in der ihrer Natur entsprechenden Weise dienstbar machen; mit anderen Worten: es bedurfte der Grundüberzeugung des Optimismus, daß, wenn Gedanken gut und klar sind, ihnen stets auch eine Wirklichkeit entsprechen kann; nur auf diesem Fundamente war es möglich, ein Gebäude zu errichten, das seine Pfeiler und Träger, seine Gliederung und Ausgestaltung, seine Erwärmung und Lüftung dem reinen, abstrakten Gedanken, der „grauen" Theorie verdankt, und das trotzdem nicht, wie wohl so mancher prophezeit hätte, ins Wanken geraten oder gar eingestürzt ist, sondern im Gegenteil fest dasteht, ja, den Aufbau höherer Stockwerke vertragen hat und sich auch in Zukunft zu dehnen und zu entfalten verspricht.

Die praktische Optik.

Das Unternehmen, um das es sich handelt, gehört einem Zweige menschlichen Gewerbfleißes an, der eine sehr eigenartige Stellung im großen Ganzen der Industrie einnimmt: der praktischen Optik. Wenn man einen verwandten, dem großen Publikum bekannteren Zweig zum Vergleiche heranziehen will, so könnte dies nur die Elektrotechnik sein; aber neben prinzipiell Gemeinsamem bestehen doch auch gewaltige tatsächliche Unterschiede. Gemeinsam ist ihnen, daß sie auf Zweigen einer und derselben Naturwissenschaft, der Physik, beruhen, jene auf der wissenschaftlichen Optik, diese auf der Lehre von der Elektrizität und dem Magnetismus; wozu dann, in zweiter Reihe, bei beiden noch die Chemie — dort für die Technologie des optischen

Glases, hier für die Elektrochemie — hinzukommt. Gemeinsam ist ihnen ferner, daß sie über die Sphäre der Wissenschaft hinausgewachsen sind und je eine eigenartige, selbst dem berufenen Vertreter der betreffenden Fachwissenschaft nicht ohne weiteres verständliche Technik bilden — Technik nicht etwa bloß im Sinne der eigentlichen Fabrikation gemeint, sondern auch schon die ihr vorangehende Grundlegung einschließend, d. h. die Art und Weise, wie durch Rechnung und Zeichnung die Probleme gestellt, behandelt und gelöst werden. Gemeinsam ist schließlich beiden Industrien, daß sie an die in ihnen Arbeitenden, vom obersten Leiter bis zu den sogenannten Handarbeitern, die höchsten Anforderungen stellen — ein Umstand, der sich auch äußerlich in der Höhe der Honorare und Löhne, sowie in der Kürze der Arbeitszeit zu erkennen gibt.

Andererseits aber ist der Entwickelungsgang bei der Elektrotechnik und bei der Optik ganz verschiedenartig. Die Elektrotechnik hat ihre weitaus ältere Schwester, die Optik, binnen wenigen Jahrzehnten gewaltig überflügelt, derart, daß im Staatshaushalt der Industrie — sozusagen — der Anteil der Optik gegenüber dem der Elektrotechnik beinahe verschwindet. Das hat seinen guten Grund in dem Umstande, daß die Elektrizität außerordentlich zahlreiche Fähigkeiten besitzt: sie verschafft uns Kraft und Licht, sie dient dem Verkehr der Personen, der Dinge und der Nachrichten, sie wirkt auf chemische Stoffe und auf den menschlichen Organismus. Zusammengefaßt: Die Elektrizität leistet allerlei Arbeit, ihre Tätigkeit läßt sich in Pferdekräften bemessen, sie spielt im Energiehaushalte der technischen Welt eine hervorragende Rolle. Diesem „robusten" Charakter der Elektrizität gegenüber ist das Wesen des Lichtes mehr „ätherisch". Auch das Licht leistet Arbeit, und man hat in neuester Zeit sogar den Druck der Lichtstrahlen und das Arbeitsäquivalent von Lichtquellen zu messen vermocht. Aber hier handelt es sich um feinste Beträge, die noch weit unter denen liegen, um die es sich in der Schwachstromtechnik handelt. Auch hat bei derartigen „Leistungen" des Lichtes, z. B. beim Bleichen, bei der Beförderung des Wachstums u. s. w., die instrumentelle Optik kein sonderliches Feld der Tätigkeit. Wird also hiervon abgesehen, so kann man sagen, daß das Licht nur eine einzige Fähigkeit besitzt, wenn auch in mannigfacher Ausgestaltung: es läßt uns sehen, es liefert uns Bilder. Das Licht (in dem hier gedachten Sinne) schafft nicht, es zeigt nur, es dient nicht der Tätigkeit, es dient nur der Erkenntnis. Freilich ist es gerade die Aufgabe der praktischen Optik, den Bereich des Sehens über seine gewohnten räumlichen oder zeitlichen Grenzen auszudehnen, sei es, daß die zu sehenden Dinge zu klein, sei es, daß sie zu fern sind, um ohne weiteres gesehen resp. deutlich gesehen und unterschieden zu werden, sei es, daß man sie in ihrer gewöhnlichen Erscheinungsform mit dem Auge nicht genügend würdigen kann und zu diesem Zwecke plastisch hervorheben muß, sei es, daß man den an sich momentanen oder doch allzukurzen Gesichtseindruck oder die wechselnden Erscheinungen überhaupt auf der photographischen Platte dauernd festhalten will, sei es endlich, daß man nicht bloß qualitativ sehen, sondern quantitativ messen will, was man sieht, oder gar, was man an sich nicht sieht. Da hätten wir bereits die Hauptzweige der praktischen Optik: die Mikro- und die Tele-Optik, die Stereo-, die photographische Optik und die Optik der Meßinstrumente — wozu natürlich noch zahlreiche andere Sonderzweige kommen. Reich und mannigfaltig also ist das Gebiet ohne Zweifel, aber so recht eigentlich „praktisch", wie der Name der Industrie vermuten ließe, ist es, von den einfachsten Erzeugnissen, wie Brillengläsern u. dgl. und einigen Anwendungen der Photographie abgesehen, doch nicht, eben weil es vom großen Getriebe des Schaffens abseits liegt und der reinen Erkenntnis dient. Und wenn es sich auch zuweilen, wie beim Entfernungsmesser, beim Zielfernrohr oder beim Butterprüfer, mitten in die Praxis hineinbegibt, so kommen doch die typischen Leistungen: Mikroskop und Teleskop, Feldstecher und photographischer Apparat, in überwiegendem Maße dem Gelehrten und dem wißbegierigen oder Erinnerungen sammelnden Laien zu gute.

Charakteristisch für diesen Parallelismus wie für diesen Gegensatz ist ein Vergleich zwischen zwei Unternehmungen, deren jede auf je einem der betrachteten Gebiete eine führende Weltstellung einnimmt: Siemens & Halske in Berlin und Carl Zeiß in Jena. Hervorgegangen aus bescheidenen mechanischen Werkstätten — Halske in Berlin, Zeiß in Jena — deren Tätigkeit sich, sozusagen, über ihr Straßenviertel nicht hinauserstreckte, sind sie beide durch den Eintritt eines der Zunft fremden Mannes — dort des Artillerieoffiziers Werner Siemens, hier des Universitätsdozenten Ernst Abbe, befruchtet worden, und aus dem Straßenviertel ist der Erdball geworden: von Upsala bis Kapstadt, von San Franzisco bis nach Tokio findet man jetzt die Erzeugnisse beider Betriebe. Die führende Stellung verdanken sie beide der innigen Verbindung wissenschaftlicher Exaktheit und technischer Vollendung. Beide sind in demselben Jahre gegründet und zählen heute zu den größten ihres Faches. Aber die Zahl der Geschäftstätigen ist bei Siemens & Halske zur Zeit mehr als zehnmal so groß wie bei Carl Zeiß, und wir verstehen warum: unter Hunderten, die das tägliche Leben leben und es sich so bequem wie möglich zu gestalten wünschen, ist nur ein Liebhaber des Wahren und Schönen, und auf hundert Liebhaber kommt erst ein Forscher.

Wenn trotz alledem die Zeißsche Werkstätte gegenwärtig etwa 1700 Angestellte — darunter mehr als 20 wissenschaftliche Mitarbeiter und etwa 100 Ingenieure, Werkmeister u. s. w. — zählt und damit unter den feinoptischen und feinmechanischen Betrieben der ganzen Welt einzig dasteht, so verdankt sie dies zwei Umständen, die in einem eigentümlichen Gegensatzverhältnisse zu einander stehen: der Vorzüglichkeit einerseits und der Mannigfaltigkeit andererseits ihrer Erzeugnisse. Um einzusehen, daß dies in gewissem Sinne ein Gegensatz ist, genügt eine kurze Betrachtung.

Einheitlichkeit und Mannigfaltigkeit.

Vorzüglich kann ein Erzeugnis nur sein, wenn es aus vollkommenem theoretischen Verständnis und technischem Können hervorgegangen ist; und dies ist wiederum nur dann möglich, wenn der Verfertiger, oder vielmehr wenn Jeder der bei der Herstellung Beteiligten seine ganze Erfahrung, Intelligenz und Zeit gerade diesem Gegenstand widmet: wenn also z. B. der beteiligte Mathematiker nur die beim Mikroskop zur Anwendung kommenden Formeln, diese aber höchst vollkommen beherrscht, wenn der Physiker sich in die Lehre vom Gange der Strahlen im Mikroskop u. s. w. ganz intim hineingearbeitet hat, und wenn die einzelnen Arbeiter, der eine im Okular-, der andere im Objektivbau, der dritte in der Herstellung des Rohres, der vierte hinsichtlich der Bewegungsvorrichtungen die reichste und beste Erfahrung besitzt. Mit anderen Worten: das Geheimnis liegt in der Arbeitsteilung, und diese ist bei Carl Zeiß soweit wie möglich durchgeführt, derart, daß jeder Mitarbeiter einen eng umschriebenen Wirkungskreis hat, in welchem er begreiflicherweise mit der Zeit konkurrenzlos wird.

Nun sollte man meinen, eine Konsequenz dieses Prinzips, auf das Unternehmen als Ganzes angewandt, müßte die sein, daß die Werkstätte sich auf den Bau eines bestimmten Artikels, also z. B. von Mikroskopen, zu beschränken habe; und diese Konsequenz ist während der ersten vier Jahrzehnte des Bestehens der Werkstätte auch wirklich fast in aller Strenge vollzogen worden. Auch hierin liegt ja eine Arbeitsteilung, indem die Fabrikation anderer Artikel anderen Werkstätten überlassen wird und alle Kräfte einzig und allein in der Richtung angespannt werden, Mikroskope, und zwar die besten der Welt zu bauen. Aber hier gerade zeigt sich, wie jedes praktische Prinzip seine Grenzen hat, über die hinaus seine Anwendung mehr schaden als nützen würde; und wenn das Zeißsche Unternehmen seine heutige Ausdehnung gewonnen hat, so ist dies das Verdienst Abbes, der gerade im rechten Augenblick erkannte, daß auch das Prinzip der Arbeitsteilung seine Grenze hat. Seine Grenze liegt da, wo die doppelte Gefahr beginnt, erstens, daß die Zahl der Geschäftstätigen in zu starkes Mißverhältnis trete zu der Bedeutung des einzigen erzeugten Produktes, das doch, wenn auch vielleicht nicht gerade aus der Mode kommen, so doch mindestens starken Bedarfsschwankungen unterliegen kann; und zweitens, daß die in dem Betriebe ausgeübte Tätigkeit als solche — sei es geistige oder manuelle — durch die Monotonie der Aufgabe Schaden erleide, in dem Sinne, daß sie zur Routine werde, den in engen Horizont gebannten Blick für ferner Liegendes abstumpfe, und daß damit die Fähigkeit verloren gehe, im rechten Augenblicke neue Antriebe, die nicht gerade auf dem ausgetretenen Geleise liegen, dem Sonderfache zuzuführen.

Aus diesem Gesichtspunkte heraus geschah es, daß bei Zeiß nach und nach neue Gegenstände in die Fabrikation eingefügt wurden; kein Jahr vergeht, in dem nicht ein oder einige neue Spezialartikel in die Fabrikation aufgenommen würden — getreu dem alten Spruche: „Rast' ich, so rost' ich". Und zur Stunde kann man von keinem der Hauptartikel — Mikroskop, Fernrohr, Feldstecher, photographischer Apparat, Meßinstrumente — mehr behaupten, daß er eine beherrschende Stellung einnehme. Gerade durch die Mannigfaltigkeit ihrer Erzeugnisse, die ihrer Vorzüglichkeit keinen Eintrag getan hat, steht die jenaische Werkstatt einzig da: sie hat Nebenbuhler, und zum Teil mehr oder weniger ebenbürtige, in der einen oder anderen Klasse von Erzeugnissen, aber keine Konkurrenz um die Gesamtheit dessen, was sie umfaßt.

Zur Vorgeschichte.

Die Geschichte der praktischen Optik, auf die wir jetzt einen Blick werfen müssen, um die Bedeutung des Zeißschen Unternehmens zu verstehen, zerfällt in gewissem Sinne in drei Perioden: eine wissenschaftliche, eine unwissenschaftliche und dann wieder eine wissenschaftliche; sie stellt so gewissermaßen eine Welle dar, mit einem Wellenberge am Anfange und am Ende, und einem Wellentale in der Mitte. In den frühesten Zeiten, als man mit einfachen Mitteln einfache Apparate baute, bewegte man sich auf dem Boden der elementaren Wissenschaft; d. h. man setzte die einfachsten Gesetze der Lichtstrahlen, ihrer Spiegelung und Brechung, in die Praxis um; so verfuhren die Araber, so verfuhren die ersten abendländischen Optiker nach dem Erwachen neueren Lebens. Man stand also damals, wenn man es so ausdrücken will, auf der Höhe der Zeit, wenn diese Höhe auch eine sehr bescheidene war; es war ein Wellenberg, wenn auch ein recht flacher. Dann kam die Zeit, wo die Ziele wuchsen, wo die Aufgaben, die man sich stellte, immer höher wurden, ohne daß die geistigen Mittel gleichen Schritt hätten halten können. Die Folge war, daß die Ziele die Mittel schließlich ganz aus den Augen verloren. Man versuchte, die Ziele ohne die Mittel zu erreichen, man verließ den Boden der Wissenschaft, man begab sich auf das Gebiet des Herumtastens, des Probierens auf gut Glück. Unter den Lotteriespielern sind immer einige, die große Treffer machen, und auch die blinde Henne findet zuweilen ein Körnchen: so konnte es nicht fehlen, daß auch in dieser Periode der Optik mancherlei Fortschritte gemacht wurden; aber es ist ebenso begreiflich, daß ihre Zahl und Bedeutung in keinem Verhältnisse stand zur Anzahl, zum Zeitaufwande und zur Bemühung der Mitwirkenden. Und was dabei erreicht wurde, das waren schließlich doch nur Seitenkuppen; die eigentlichen Gipfel, die ersehnten Ziele konnten auf diese Weise nicht erstiegen werden.

Diese Leistung blieb der dritten Periode vorbehalten, dem Wirken der Männer der neueren Zeit, die, den alten Propheten gleich, dem Volke der Optiker zuriefen: Was tatet ihr, indem ihr euren alten Gott verlassen? Warum betet ihr statt der Wissenschaft die Götter des Zufalls an, die euch im entscheidenden Momente im Stiche lassen? Ist euch nicht die höhere Aufgabe gestellt worden, damit ihr an ihr eure Kräfte messet und sie am Ende siegreich durchführt? Solche Propheten erstanden den Optikern hier und da, und ihre Stimme verhallte meist, um erst gehört zu werden, wenn auch dem Verstocktesten klar wurde, daß mit dem Herumtasten nicht mehr vorwärts zu kommen war. Auf dem einen Gebiete erfolgte die Einkehr früher, auf dem anderen später: heute, so kann man sagen, ist der Sieg der Wissenschaft entschieden.

Es ist hier nicht der Ort, um dem Wirken aller dieser Männer — eines Fraunhofer und Herschel für die teleskopische, eines Petzval und Steinheil für die photographische Optik u. s. w. — nachzugehen; wir wollen uns auf den Fall der Mikroskopie beschränken und das für jenen Rettungsprozeß in hervorragendem Maße charakteristische Auftreten der beiden Männer ins Auge fassen, aus deren Zusammenwirken die Jenaer Werkstätte hervorgegangen ist: Carl Zeiß und Ernst Abbe.

Die neue Aera im Mikroskopbau.

Im Jahre 1846 errichtete Carl Zeiß[1]) eine kleine feinmechanische Werkstätte in Jena, dem Sitze der thüringischen

Fig. 1. Erste Werkstätte (Neugasse).   Fig. 2. Zweite Werkstätte (Wagnergasse).

Universität. Diese Tatsache an sich würde nicht verdienen, mehr als lokales Interesse in Anspruch zu nehmen; denn eine solche

---

1) Carl Zeiß, geb. am 11. Sept. 1816 zu Weimar als Sohn des Inhabers eines Spielwarengeschäfts (zeitweilig Lehrers des Großherzogs Karl Friedrich in der Drechslerkunst), besuchte das Gymnasium bis zur Prima, lernte dann in mechanischen und Maschinenwerkstätten in Weimar (Körner), Stuttgart und Wien und gründete 1846 die Firma Carl Zeiß in Jena, die später einen so gewaltigen Aufschwung nahm. Im Jahre 1881 ernannte ihn die Universität in Anerkennung seiner (indirekten) Verdienste um die Wissenschaft zum Ehrendoktor der Philosophie. Er starb am 3. Dezember 1888.

Werkstätte ist für jede Universität, mit welcher naturwissenschaftliche und medizinische Institute verbunden sind, ein Bedürfnis, und ihr Inhaber wird im allgemeinen zufrieden sein, wenn er sich durch die laufenden Konstruktions- und Reparaturaufträge, die ihm zu teil werden, schlecht und recht ernährt. Aber Zeiß gehörte, obwohl er ein durchaus einfacher Mann war, nicht zu den rasch zufriedenen Naturen; er gehörte zu denen, die etwas Höheres als das eben hinreichende erringen wollen und erstreben müssen, wenn ihnen das Leben einen Inhalt gewinnen soll.

Zur Feinmechanik in nahem Verhältnis steht die praktische Optik, und die damalige Zeit wie der Boden Jenas waren gleich geeignet, diese letztere neu zu beleben. Es genügt in dieser Hinsicht, an die aufblühende Zellentheorie und ihren geistvollen Jenaer Vertreter, Jakob Schleiden, an dessen damaligen Assistenten Schacht und an den soeben erst in hohem Alter verstorbenen Mediziner Domrich zu erinnern; für die Aufgaben, welche diesen und anderen führenden Männern vorschwebten, war das mikroskopische Handwerkszeug, das zur Verfügung stand, völlig unzureichend. So war es denn wesentlich Schleiden, der den stets lernbegierigen Mechaniker auf die Optik hinlenkte, der seine Fortschritte von Jahr zu Jahr mit dem wärmsten Interesse begleitete und es sich angelegen sein ließ, seinen Namen in weiteren Kreisen zu verbreiten[1]).

Im Anfange ging die Sache überraschend gut, Zeiß baute zunächst in der Hauptsache sog. einfache Mikroskope (mit Duplet bezw. Triplet), und einer dieser Typen, der in Fig. 3 des historischen Interesses halber (das Exemplar stammt aus dem Jahre 1848) wiedergegeben ist, erfreute sich derartigen Beifalls, daß mit der Zeit an 2000 Stück abgesetzt wurden. Dann ging Zeiß zum Bau eigentlicher, sog. zusammengesetzter Mikroskope über, und seine Erzeugnisse waren zunächst nicht besser und nicht schlechter als diejenigen, welche aus altbewährten optischen Werk-

---

[1]) Schon 1857 stellte Schleiden auf den Wunsch von Zeiß ihm ein Zeugnis aus, in dem es u. a. heißt: „Herr Zeiß hat mich um eine Empfehlung seiner Arbeiten gebeten; ich weiß wahrlich nicht weshalb. Meine Empfehlung könnte nur bezüglich seiner optischen Arbeiten einen Wert haben, und gerade diese bedürfen derselben nicht mehr. Herr Zeiß gibt seine Mikroskope nur für erste Versuche aus, und diese Bescheidenheit ehrt ihn ebenso sehr als seine Geschicklichkeit und Kunst. Was den optischen Teil betrifft, so können sich diese ersten Versuche bereits kühn neben Werke alter Meister stellen; und sie berechtigen uns zu der Erwartung, daß Herr Zeiß die bisherigen Mikroskope erreichen und übertreffen wird u. s. w."

stätten hervorgingen. Als er sich nun aber weitere Ziele setzte, offenbarte sich ihm die Unzulänglichkeit seiner Mittel, und er stand am Scheidewege: entweder in den Hafen der normalen Mittelmäßigkeit einzulaufen oder auf Hilfe zu sinnen, durch die er dem Sturm der modernen Ansprüche die Stirn zu bieten im stande wäre. Daß er den letzteren Weg wählte, daß er sich auf hohe See hinauswagte, war Mut; daß er es nicht allein tat, sondern sich einen Lotsen suchte, war Weisheit; und wo sich Mut mit Weisheit paart, ist der Erfolg fast niemals ausgeblieben.

Fig. 3. Einfaches Mikroskop von 1848.

Das gewählte Bild des Lotsen ist, wie jedes Bild, nur halb zutreffend, denn ein Lotse ist ein von dem Unkundigen als Führer angenommener Kundiger, ist einer, der das zu durchkreuzende Gebiet kennt und sehr genau kennt. Hier aber galt es nicht, bekannte Wege einzuschlagen. sondern den noch fast völlig unerforschten Kurs zu nehmen, der zu dem durchaus auf wissenschaftlicher Grundlage aufgebauten Mikroskop führte. Für diese Aufgabe gab es damals keinen Kundigen; es handelte sich also nicht darum, den Kundigen, als vielmehr den Mann zu finden, der die Lust und das Genie hatte, ein Kundiger zu werden; den Mann, der mit jenen Eigenschaften die dritte der Einsicht verband, daß man sich auf anfängliche Mißerfolge gefaßt machen müsse und bestenfalls nach mühseligem Ausharren und Ueberwindung zum Teil ungeahnter Schwierigkeiten ans Ziel gelangen werde. Man wird sich unter diesen Umständen nicht wundern dürfen, wenn der erste „Lotse", mit dem es Zeiß versuchte, nach kaum begonnener Fahrt ratlos wurde; man muß es im Gegenteil als eine besonders glückliche Fügung des Geschickes betrachten, daß er mit der zweiten Wahl an den Rechten kam; dieser rechte Mann war Ernst Abbe[1]), und in gemeinsamer Fahrt mit ihm gelang es ihm, nach nicht geringen Mühsalen den freien Ozean zu gewinnen.

Und nun wollen wir die bildliche Sprache verlassen und zur Sache kommen. Selbst die besten damals angefertigten Mikroskope waren, wenn man von den natürlich der Wissenschaft entlehnten Grundgesetzen des Lichtes absieht, Produkte hundertfältigen Probierens. Man schliff die für das Okular und das Objektiv benötigten Linsen und sah zu, was für Bilder von kleinen Gegenständen sie im Auge entwarfen; von Jahrzehnt zu Jahrzehnt hatte man dabei mehr und mehr Anhaltspunkte gewonnen, wie man die Linsen gestalten müsse, um bestimmte Zwecke zu erreichen oder besser — negativ ausgedrückt — um bestimmte Fehler zu vermeiden, als da sind: Unschärfe des Bildes, verschiedene Vergrößerung in der Mitte und am Rande, farbige Ränder, ungenügende Helligkeit u. s. w. Aenderte man nun, um einen dieser

---

1) Ernst Abbe, geb. den 23. Januar 1840 als Sohn eines Spinnmeisters in der Eichelschen Fabrik in Eisenach, besuchte die Universitäten Jena und Göttingen, wurde an letzterer von Riemann und Wilhelm Weber geprüft und auf Grund einer Abhandlung über das mechanische Wärme-Aequivalent promoviert, war dann kurze Zeit als Dozent in Frankfurt a. M. tätig und habilitierte sich 1863 in Jena auf Grund einer Schrift über Fehlerberechnung für die Fächer der Mathematik, Physik und Astronomie. 1866 trat er mit Zeiß in Verbindung, 1870 wurde er außerordentlicher Professor. Als im Jahre 1874 in Jena ein physikalisches Institut begründet werden sollte, wurde ihm die ordentliche Professur für Physik angeboten, die er aber nach Lage der Dinge ablehnen mußte, um sich ausschließlich der optischen Werkstätte zu widmen. Abbe wurde Ehrendoktor der medizinischen Fakultät von Halle und der juristischen Fakultät von Jena sowie Mitglied zahlreicher gelehrter Gesellschaften. Seiner 1871 in den denkbar bescheidensten Verhältnissen geschlossenen Ehe mit einer Tochter seines früheren Lehrers, des Jenaer Professors Snell, sind zwei Töchter entsprossen. Seine durch Ueberarbeitung und die aufregende Wirkung innerer Kämpfe und schwerwiegender Entschlüsse erworbene Nervosität, sowie der schädliche Einfluß der hiergegen angewandten Mittel steigerten sich zu Beginn des neuen Jahrhunderts derart, daß er sich von den Geschäften zurückziehen mußte. Aber auch die so gewonnene Muße brachte keine dauernde Besserung und keine Erfüllung der Hoffnung, der Lebensabend werde zur Sammlung und Niederschrift alles dessen dienen können, was in einem überreichen Geistesleben aufgespeichert worden war. Abbe starb am 14. Januar 1905. Ueber sein Leben und sein Werk vergleiche man u. a.: Gedenkreden und Ansprachen bei der Trauerfeier für Ernst Abbe, Jena 1905. — Auerbach, Plutus 1905, No. 3 und Naturwiss. Wochenschr. 1905, No. 9. — Czapski, Verh. D. Phys. Ges. 1905, No. 6. — Voigt, Göttinger Nachr. 1905, Heft 1. — Winkelmann, Rede bei der Gedächtnisfeier, Jena 1905. — Finsterwalder u. Pierstorff, Beilage zur Allg. Ztg. 1905, S. 113, 121, 129. — Wiener, Ber. d. sächs. Ges. d. Wiss. 1906, Nov. — Abbes Abhandlungen sind, von Czapski herausgegeben, 1904—1906 bei Gustav Fischer in Jena erschienen.

Fehler auszumerzen, die Linsenmaße ein wenig ab, so fand sich begreiflicherweise, daß zwar die ursprüngliche Absicht erreicht war, die anderen Fehler aber vielleicht geradezu verschlimmert waren. Man änderte wieder und immer wieder; und da ein optisches Bild, wenn es tadellos sein soll, überaus zahlreiche gute Eigenschaften haben muß, so ergibt sich eine so immense Mannigfaltigkeit von zu erfüllenden Bedingungen, daß vielleicht Jahrhunderte nicht genügt haben würden, um auf diesem Wege schließlich einmal, und auch dann nur durch einen glücklichen Zufall, das ideale Mikroskop zu finden.

Diesem Zustande konnte nur auf eine einzige Weise ein radikales Ende bereitet werden: man mußte, wie die Grundgesetze, so auch alle Einzelheiten des Strahlenganges wissenschaftlich verfolgen, man mußte zu ehernen Formeln zu gelangen suchen, aus denen mit mathematischer Gewißheit abzulesen wäre, welche Durchmesser, Dicken und Krümmungen man den Linsen zu geben habe, um alle Fehler zu beseitigen oder — da man schon von vornherein annehmen konnte, daß man dies nicht ganz erreichen würde — um diese Fehler wenigstens im ganzen so weit wie tunlich herabzumindern. Nur auf diese Weise konnte man sicher sein, zunächst wenigstens in der Idee, ein Instrument zu erhalten, das, nach exakter Ausführung der Prüfung unterworfen, keinerlei Enttäuschung bereitete.

Die Formeln, die solches leisten sollten, mußten (man kann es sich vorstellen) außerordentlich verwickelt sein, desto verwickelter, je genauer jene Forderungen erfüllt werden sollten; und man wird naturgemäß auf den Gedanken verfallen, zunächst einfachere Formeln aufzustellen, deren Erzeugnis gewissermaßen die erste Annäherung an das Ideal repräsentiert, dann zur zweiten Annäherung überzugehen und sich so, je mit fortschreitender mathematischer Durchbildung, dem Ziele zu nähern.

Natürlich mußte hiermit eine Vervollkommnung der mechanischen Technik Hand in Hand gehen, die sie in den Stand setzte, präzis gestellte Aufgaben präzis zu erledigen — präzis auch wieder im Sinne einer allmählich immer besseren Annäherung an das Ideal, derart, daß z. B. die Abweichungen von der gewünschten Dicke oder vom gewünschten Krümmungsradius nicht mehr als, sagen wir, $1/20$, später aber nicht mehr als $1/50$, als $1/100$ und schließlich immer weniger betragen. Um das garantieren zu können, dazu bedarf es, wie gleich hier bemerkt sein möge, feinster

Prüfungsmethoden; eine solche von unvergleichlicher Leistungsfähigkeit liefern, für die Konstanz der Krümmung einer Fläche

Fig. 4. Carl Zeiß.

als die wichtigste zu garantierende Größe, die sog. Newtonschen Farbenringe, die sich zeigen, wenn man zwei Flächen verschiedener Krümmung aufeinander legt, und die verschwinden müssen, wenn die zu prüfende Linsenfläche mit der als Norm dienenden Probefläche (die eine konkav, die andere konvex) wirklich und überall gleich gekrümmt ist. Dieses wichtige Prüfungsverfahren war zwar schon lange vorher für Fernrohrlinsen von Fraunhofer ersonnen worden, ist aber in die Zeißsche Werkstätte durch die selbständige Idee ihres ältesten Werkmeisters August Löber eingeführt worden, eines Mannes, der durch sein Verständnis für die eigenartigen Aufgaben subtilster Technik und als unmittelbarer oder mittelbarer Lehrmeister aller Jenaer Optiker sich zu seinem Teile um das ganze Unternehmen verdient gemacht hat. — Aber auch hinsichtlich der anderen in Betracht kommenden Größen: Dicke der Linsen, Planheit ebener Flächen, Durchmesser der Linsen, Abstand der verschiedenen Teile eines Systems, Zentrierung des letzteren u. s. w. — spielt die Vervollkommnung der Kontrollmethoden, wie sie nach und nach sich vollzogen hat (zum Teil unter Konstruktion besonderer Apparate hierfür), eine nicht zu unterschätzende Rolle.

Aber kehren wir zu unserem Gegenstande, der Durchführung wissenschaftlicher Vorausberechnung aller zu erzielenden Wirkungen, zurück. Ein ganz allmähliches Annäherungsverfahren an das Ideal war dabei, wie wir sahen, schon der rechnerischen Schwierigkeiten halber unvermeidlich; es mußte mit einfachen, den Hauptpunkten gerecht werdenden Formeln begonnen werden und die Erfüllung weiterer Forderungen nach und nach in sie eingefügt werden. Eines aber mußte, schon um des Prinzips willen, von vornherein festgehalten werden: probiert, modifiziert, variiert darf bei der Ausführung nicht mehr im geringsten werden; der Linsenschleifer hat sich strikte an die durch die Formel angezeigten Ausmaße zu halten; so gut oder so schlecht das Produkt wird, so wird es eben — wenn es nur die genaue Verwirklichung der Theorie darstellt.

In dieser Sachlage lag nun für den ungeduldigen Neuerer eine große Gefahr. Denn es konnte, ja es mußte sich ereignen, daß die ersten Erzeugnisse dieser wissenschaftlichen Optik — gewonnen auf dem Felde der ersten Annäherung — schlechter ausfielen als die besten Produkte der herumtastenden Optik, die doch jahrzehntelange Erfahrungen angesammelt hatte — Erfahrungen, von denen man in Jena natürlich wußte, aber jetzt nichts mehr wissen wollte und durfte. Aber solche Mißerfolge fanden unsere Neuerer vorbereitet; weit entfernt, sich beirren zu lassen, sagten sie sich:

Beim ersten Anlauf kann man nicht verlangen, das Ziel zu nehmen; mit der Zeit werden wir die Glücksjäger schon aus dem Felde schlagen.

Und nun stelle man sich, um das Verdienst zu würdigen, das bei diesem Unternehmen auf Carl Zeiß entfällt — denn über dasjenige Abbes ist kein Wort zu verlieren — einen einfachen, schlichten Mann vor, der alles, was um ihn herum vorgeht, doch gewissermaßen nur durch einen leichten Schleier hindurch begreift, der, wenn tagsüber von Formeln, Zeichnungen und Zahlen die Rede gewesen war, die neuen Plänen dienen sollten, sich abends Bücher zur Hand nahm, um sich nach Maß seiner Kräfte über diese Dinge zu orientieren; einen Mann, dessen Geschäft leidlich ging und vermutlich auch weiterhin leidlichen Fortgang im alten Gleis genommen hätte; und der trotzdem sich auf ein Wagnis einließ, das besonders in damaliger Zeit fast allgemeinem Kopfschütteln begegnen mußte. Denn die Wissenschaft hat bei der Praxis kaum jemals in besonderem Ansehen gestanden, und namentlich bei einigermaßen verwickelten Problemen der Technik hieß es zu allen Zeiten: da ist mit der Theorie nichts anzufangen. Hat es doch noch viele Jahre später ein angesehener und unterrichteter Schriftsteller der Mikroskopie, der einem der besten Optiker der alten Schule persönlich nahestand und daher das Arbeitsfeld kannte, behauptet: Mikroskope könnten infolge ihrer Kompliziertheit unmöglich auf Grund der Theorie gebaut werden. Auch wurde noch längere Zeit hindurch von den anderen Werkstätten ihren Mikroskopen die Empfehlung mit auf den Weg gegeben, sie wären nicht wie in Jena gebaut — eine Empfehlung, die erst viel später der entgegengesetzten, sie wären genau so wie in Jena gebaut, Platz machte.

Wenn, bei einer derartigen Stimmung gegenüber der Wissenschaft, ein Mann von dem Bildungsgange eines Zeiß ihr unbeirrt vertraute, so will das an sich schon etwas Außergewöhnliches heißen. Dazu kommt aber, daß er schon einen verfehlten Versuch gemacht hatte, und daß auch der zweite, unter Abbes Führung unternommene, zunächst nicht besonders einschlug, so daß man sich darauf gefaßt machen mußte, von Opfer zu Opfer gedrängt zu werden, Zeit und Geldmittel erschöpft zu sehen und schließlich zu Grunde zu gehen. Wenn alsdann heutzutage von dem Jenaer universitätsmechanischen Institute des Herrn Müller oder Schultze die Rede wäre, so würde es einfach heißen: der frühere Inhaber war ein gewisser Carl Zeiß, der sich auf gewagte Unternehmungen einließ und darin untergegangen ist. Nun, Carl Zeiß ist nicht untergegangen, aus dem Universitätsmechaniker ist der Weltoptiker und, wie wir später sehen werden, noch etwas weit Höheres geworden.

Die Persönlichkeit von Carl Zeiß in ihrer sachlichen Bedeutung wird vielleicht noch plastischer hervortreten, wenn wir ihn mit zwei anderen Männern vergleichen. Beides sind Männer, mit absolutem Maße gemessen, von einer Größe, von der man auf den ersten Blick befürchten könnte, daß sie erdrückend wirken müsse; aber bei Vergleichen kommt es nicht auf das absolute, sondern auf das relative Maß an, es wird stillschweigend angenommen, daß jeder der zu Vergleichenden nach den Ausmaßen der Verhältnisse, unter denen und für die er tätig war, beurteilt werde.

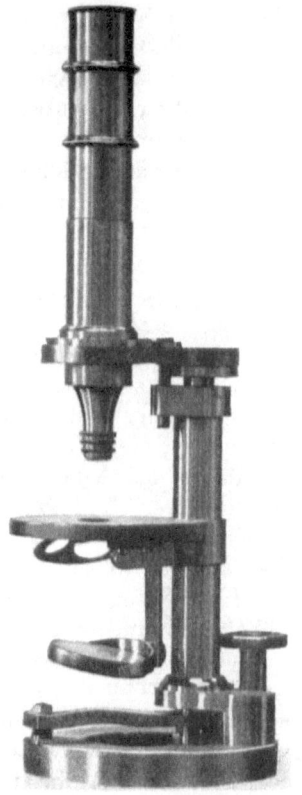

Fig. 5. Altes Mikroskop von 1859.

Der eine Vergleich bewegt sich innerhalb des gleichen fachlichen Rahmens, der Optik, er bezieht sich auf jenen Mann, der als armer Spiegelschleifer anfing und als einer der hervorragendsten Physiker und Optiker abschloß: Joseph Fraunhofer. Wenn wir hören, daß schon Fraunhofer, und zwar fast ein halbes Jahrhundert früher, die minutiöseste Wissenschaftlichkeit als Grundbedingung für Erfolge in der praktischen Optik hinstellte und diese Forderung auch schon — wenn auch auf einem anderen Spezialgebiete, dem des Fernrohrbaues — in die Wirklichkeit umsetzte, so möchten wir geneigt sein, den größten Teil des Verdienstes, das wir Zeiß und Abbe zuerkannt haben, ihnen wieder abzusprechen; denn es könnte nunmehr scheinen, daß es sich lediglich um eine Nachahmung jener älteren Tat und ihre mechanische

Uebertragung vom Fernrohr auf das Mikroskop handle. So liegt die Sache aber durchaus nicht. Eine genaue Würdigung aller Momente führt vielmehr zu der Einsicht, daß diese frühere Betätigung durch Fraunhofer zwar wohl einen Wink für die Anwendung der gleichen Grundidee auch dem Mikroskop gegenüber gegeben hat, aber kein irgend leitendes Vorbild für die Verwirklichung hat bieten können — trotz der Gleichheit des Arbeitsfeldes und trotz der scheinbaren inneren Verwandtschaft der Aufgaben. Dieser auf den ersten Blick befremdliche Schluß beruht auf einem erst viel später erkannten Gegensatz der beiden Grundprobleme der praktischen Optik, des Fernrohrproblems und des Mikroskopproblems, im Theoretischen sowohl wie in wesentlichen praktischen Bedingungen — einem Gegensatz, der es mit sich bringt, daß die Aufgabe der rationellen Darstellung, auch nachdem sie für das Fernrohr gelöst war, für das Mikroskop doch einen neuen, selbständigen Ansatz nehmen mußte.

Der andere Mann, den wir zum Vergleich heranziehen wollen, war auf einem weit abliegenden Felde tätig, auf dem der Eisen- und Stahlindustrie, insbesondere der Geschützfabrikation: Alfred Krupp. Auch er hat in den kleinsten Verhältnissen begonnen und hat schließlich alle Fachgenossen überflügelt. Maßgebend hierfür war natürlich in erster Linie, wie bei Zeiß, die intellektuelle Begabung; wesentlichen Anteil an dem Erfolge haben aber hier wie dort zwei Momente: die eherne Ausdauer, mit welcher Krupp viele Jahre hindurch und unter der fortwährenden Gefahr pekuniären Ruins seine Versuche fortsetzte, und die felsenfeste Ueberzeugung, daß sie schließlich vom Erfolge gekrönt werden müßten, da sie die wissenschaftliche Basis für sich hätten; denn bis ins einzelne hinein war die Wirkung seiner Gußstahlrohre nach den exakten Methoden der Physik und Chemie im voraus gesichert.

Ernst Abbe.

Wir haben das Bild eines Mannes entworfen, der als Begründer des Werkes, mit dem wir es zu tun haben, billig an die Spitze zu stellen ist; das Bild von Carl Zeiß, der nun schon seit zwei Jahrzehnten zu den Toten zählt. Wir haben „nil nisi bene" von ihm geredet, nicht dem Sprichworte zuliebe, sondern weil nicht anders von ihm geredet werden kann. Wir müssen uns nun dem

Manne zuwenden, der nun auch dahingegangen ist: Ernst Abbe, ihm, der in anderem und höherem Sinne der Begründer dessen ist, was wir gegenwärtig als Zeißwerk vor uns haben. Wie Zeiß war er ein Guter, dazu aber war er ein Großer, und die Darstellung seines Lebens und Werkes wäre nichts anderes als die Aufgabe, zu zeigen, wie sich Güte und Größe zu einem vollkommenen und fruchtbarsten Ganzen vereinigen können. Wir müssen seine Persönlichkeit in den Vordergrund der Betrachtung rücken, auf die Gefahr hin, den Widerspruch des Toten von fern zu vernehmen. Wir wollen darum auch nur das sagen, was tatsächlichen Inhalt hat, und was nicht ungesagt bleiben darf, soll nicht das Bild der Begründung der Jenaer Werkstätte ganz unvollständig bleiben.

Denn wenn es wahr ist, daß die Weltfirma Carl Zeiß sicherlich jetzt nicht existierte ohne die Persönlichkeit, die Intelligenz und den Charakter ihres Begründers, so ist es ebenso unbestreitbar, daß sie nicht existieren würde ohne die Mitarbeiterschaft Abbes; nicht bloß in dem Sinne, daß Zeiß allein — das wissen wir schon — nicht im stande gewesen wäre, so hohen Flug zu nehmen; nein, auch in dem Sinne, daß es eine Fügung des Schicksals war, die ihn gerade diesen Mann finden ließ, vielleicht den einzigen, der auf den rechten Ton für die große Aufgabe abgestimmt war, ihre Bedeutung scharf erkannte und sein ganzes, in seltenem Maße spezifisches Können für sie einsetzte. Eine Fügung des Schicksals, die Zeiß das Gute in der nächsten Nähe suchen ließ und ihn davon abhielt, in die Ferne zu schweifen! Denn nach den Geboten einer schematisch arbeitenden Vernunft hätte sich Zeiß etwa eine Liste der Männer verschaffen müssen, die sich als Forscher auf dem Gebiete der wissenschaftlichen Optik bereits einen Namen von gutem Klange gemacht hatten, um unter diesen den vorzüglichsten zu wählen; und Abbe hätte auf dieser Liste nicht gestanden, denn er hatte sich mit Optik kaum anders als rezeptiv befaßt. Wie die Sache alsdann verlaufen wäre, kann man natürlich nicht mit Bestimmtheit sagen; aber fast möchte man für die Behauptung eintreten, daß der Erfolg nicht annähernd an den, der tatsächlich eingetreten ist, herangereicht hätte, und zwar aus einem Grunde, der zunächst paradox erscheinen mag, bei näherem Zusehen aber einleuchtend wird: weil Abbe kein Routinier auf dem Gebiete der wissenschaftlichen Optik war. Denn wenn die große Mehrzahl der Probleme, die den Fortschritt der Menschheit bedingen, spezifisch geschulte und erfahrene Fachkräfte erfordert, so sind es gerade die **allergrößten** Probleme, diejenigen von umwälzender Bedeutung, die hiervon eine Ausnahme machen: für sie sind — Tiefe des allgemeinwissenschaftlichen Verständnisses natürlich vorausgesetzt — gerade frische, vom Schematismus nicht angehauchte, durch übermäßigen Autoritätsglauben nicht beengte die geeignetsten Pioniere (Faraday: Induktion, Fraunhofer: Spektrallinien, Rob. Mayer: Erhaltung der Kraft). Und das hat sich auch in unserem Falle aufs glänzendste bewährt[1]).

Aber noch eines kommt hinzu, was weniger die intellektuelle als die rein menschliche Seite berührt: nicht jeder, ja man kann sagen, kaum einer von vielen, wäre der Berufene gewesen, um mit einem Manne ganz anderen Bildungsganges und demgemäß so ganz anderer Auffassung fast aller Dinge einträchtig zusammen zu arbeiten, um ihn selbst und das ganze Personal für neue, fremdartige und anscheinend ganz undankbare Arbeiten zu begeistern. Das konnte nur ein Mann, der es verstand, seine geistige Ueberlegenheit der Sache in vollem Maße dienstbar zu machen, ohne sie persönlich seine Mitarbeiter auch nur von fern fühlen zu lassen. Es gibt Kapitel in der Geschichte der praktischen Optik, deren Tragik sich daher schreibt, daß der Praktiker und der Theoretiker sich nicht dauernd eins zu fühlen vermochten gegenüber der großen Sache, der sie dienten. Hier, bei Zeiß und Abbe, haben wir ein erquickendes Beispiel für die ungetrübte Möglichkeit und für den vollen Erfolg eines derartigen Zusammenwirkens zweier aufs äußerste heterogener Faktoren; und es ist schwer zu sagen, was man mehr bewundern soll: die feinfühlende Art, wie der erfahrene Geschäftsmann dem jungen Doktor, oder wie der gedankenreiche Gelehrte dem schlichten Praktiker entgegentrat, beide nur beseelt von dem Wunsche, in gemeinsamer Arbeit, in gegenseitiger Verständigung das Ziel zu erreichen.

---

1) Als interessante Illustration dieser These sei folgendes angeführt: Auch Helmholtz hat sich mit dem in Rede stehenden Problem befaßt, ist aber bei dem Ergebnisse stehen geblieben, daß die Theorie mit den Tatsachen im Widerspruch steht. Einen versteckten Fehler fand er nicht, und der Gedanke, die ganze Grundlage der Theorie könne falsch sein, lag ihm gänzlich fern. Um so größer war alsdann seine Ueberraschung, als er von Abbes Arbeit hörte, und er fuhr eigens nach Jena, um sie sich näher erläutern zu lassen.

Die Abbildung nichtleuchtender Objekte.

Das, was hier über die Tätigkeit Abbes in allgemeinen Umrissen gesagt wurde, muß nun noch kurz im besonderen Hinblick auf die Theorie und Praxis des Mikroskopbaues spezifiziert werden.

Wir wissen, daß es sich um die Aufgabe handelt, das Mikroskop in allen Einzelheiten theoretisch derart voraus zu berechnen, daß dem herumtastenden Probieren des Linsenschleifers und Konstrukteurs kein Raum mehr verbleibt, und wir wissen ferner, daß die weise Beschränkung es gebot, diese Aufgabe zunächst in bescheidenem Maße, in erster Annäherung zu lösen, also unter Bedingungen, unter welchen die Theorie des Strahlengangs relativ am einfachsten ist. Das ist nun, wie man seit lange weiß, dann der Fall, wenn die Strahlenbüschel recht schmal genommen, wenn alle ihre extremen Teile abgeblendet werden, also kurz: bei Anwendung enger Blenden (Diaphragmen). Als nun Abbe auf Grund dieser Vorstellung — eine andere gab es damals überhaupt nicht — rechnete, konstruierte und beobachtete, fand er, daß die Sache absolut nicht stimmte, daß die Bilder, die man von mikroskopischen Präparaten erhielt, mit enger werdender Blende nicht nur nicht besser wurden, sondern geradezu schlechter, ja daß sie schließlich überhaupt nicht mehr zu stande kamen, obgleich zweifellos genügend Licht den Apparat durchsetzte.

Aus dieser Sachlage ließ sich nur ein einziger Schluß ziehen; aber um ihn zu ziehen, dazu gehörte eine wissenschaftliche Unabhängigkeit und Unerschrockenheit, wie man sie auch bei intellektuell hochstehenden Männern der Wissenschaft nicht immer antrifft. Hat doch, wie wir sahen, selbst Helmholtz, dessen Theorie desselben Gegenstandes mit den Tatsachen nicht übereinstimmte, diesen Widerspruch als etwas Unverständliches hingenommen. Es blieb nur übrig, zu sagen: die ganze altehrwürdige Theorie der mikroskopischen Abbildung ist falsch. So weit die Negation — aber nun das Positive! Warum ist die Theorie falsch, und welches ist die richtige Theorie? Die Antwort auf diese Frage hat Abbe in geradezu verblüffender Weise gegeben, und es ist bezeichnend für den Charakter dieses Mannes, daß er, der gewiß innerlich von der Ueberzeugung durchdrungen war, hier der Wissenschaft zu einem großen prinzipiellen Fortschritt verholfen zu haben, doch diesen Schatz, dessen Eröffnung ihm weit und breit berechtigten Ruhm eingetragen hätte, beinahe geflissentlich für sich behielt, nur darum besorgt, nun auch die praktischen Konsequenzen seiner Entdeckung für den Bau des Mikroskops zu ziehen. So hat denn seine Lehre, die um 1870 entstand, erst viel später ihren Einzug in die wissenschaftlichen Kreise gehalten, und das Erstaunen derer war groß, welchen die Versuche auf der Naturforscherversammlung in Halle (1891) vorgeführt wurden, und die dann erfuhren, dies wäre alles schon vor 20 Jahren gefunden worden[1])!

Und worin bestand nun die neue Lehre? Darüber läßt sich, ohne daß man fachmännisch wird, nur in großen Zügen reden.

Seit Fraunhofer war man sich darüber klar, daß die von Linsen und Spiegeln entworfenen Bilder in ihren feineren Qualitäten sich nicht nach den Regeln der geometrischen Optik, d. h. aus dem nach den Gesetzen der Dioptrik und Katoptrik berechneten Gange der „Lichtstrahlen" ergründen lassen, sondern daß man hierzu die Wellennatur des Lichtes berücksichtigen müsse. Für die von je einem (selbst-) leuchtenden Punkte ausgehenden Wellenzüge des Aethers ist der Spiegel, die Linse, zunächst nur ein „Hindernis der ungestörten Ausbreitung", wie für die Wasserwellen der Fels im See oder wie für manövrierende Truppen ein Sturzacker. Diese Hindernisse sind nun vom Konstrukteur mit Kunst so gewählt, daß der Wellenzug an resp. in ihnen nicht eine regellose Zersplitterung in ein Chaos erfährt, sondern eine Umwandlung in Wellenzüge, die nach einem neuen Zentrum, eben

---

[1]) Einen kurzen „Vorbericht" gab Abbe 1873 in Max Schultzes Archiv für mikroskopische Anatomie; 1881 begann der Druck einer ausführlichen Darstellung, der aber wieder eingestampft wurde, als das neue Glas (s. w. u.) Abbes Interesse gänzlich in Anspruch nahm. So ist denn die erste zusammenhängende, freilich auch mehr populäre Darstellung der Lehre die in der 2. Auflage von Dippels Handbuch der Mikroskopie gebebene. Eine streng wissenschaftliche Darstellung, wie sie Abbe einem kleinen Kreise als Vorlesung geboten hat, harrt noch heute der Veröffentlichung. — Bei dieser Gelegenheit sei bemerkt, daß Abbe, entsprechend seiner ganzen Auffassung der Dinge, sowie im Drange der Taten lebendigerer Natur, auf die Veröffentlichung seiner Gedanken und Ergebnisse keinen besonderen hohen Wert legte, wozu freilich hinzukommt, daß in damaliger Zeit, zumal in Deutschland, weder die geeigneten Publikationsorgane noch eine größere Zahl von verständnisreifen Lesern vorhanden gewesen wären. Um so erfreulicher ist es, daß die mehr und mehr fühlbar gewordene Lücke neuerdings teils ausgefüllt ist, teils ausgefüllt werden wird, und zwar im wesentlichen durch die folgenden drei Veröffentlichungen: 1) S. Czapski, Theorie der optischen Instrumente (auch Bd. 2 a des Hdb. d. Physik) Breslau 1893; zweite, stark umgearbeitete Auflage (Bd. 6 des Hdb.), Leipzig 1906. — 2) Ernst Abbe, Ges. Abhandlungen, 1. Bd., Jena 1904. — 3) Die Theorie der optischen Instrumente. Bd. I: Die Theorie der Bilderzeugung u. s. w., herausg. von M. v. Rohr, Berlin 1904.

dem Bild des ursprünglichen wellenerregenden Punktes sich zusammenziehend hinstreben, um nach dem Durchtritt durch dieses Zentrum sich aufs neue auszubreiten, wie von der ursprünglichen Erregungsstelle aus. Aber doch nicht ganz so. Eine genauere — gedankliche wie experimentelle — Betrachtung zeigt nämlich: ein je geringerer Teil der vom ersten Zentrum ausgehenden Wellenzüge im Winkelmaß gemessen durch die Linsen, Spiegel gestört, „gebeugt" und in einen neuen Wellenzug mit verändertem Zentrum umgewandelt worden ist — desto weniger ist dieses neue Zentrum ein Punkt, desto mehr wird es eine Fläche, ein Scheibchen. In der Sprache der Abbildungstheorie geredet: einen je kleineren Oeffnungswinkel das abbildende System besitzt, desto „stumpfer", inhaltsleerer, grobkörniger werden die Bilder — Mosaikbildern mit großen Steinchen vergleichbar; und umgekehrt, je größer der Oeffnungswinkel, desto schärfer, inhaltsreicher, feinkörniger ist unter sonst gleichen Umständen das Bild. Absolut vollkommen, punktförmig, bei wachsender Vergrößerung immer neue Details enthüllend, kann schon nach diesen Bestimmungen ein Bild nie sein, denn auch ein Oeffnungswinkel von $180°$ gibt ein gewisses „Korn".

Das Verdienst von Helmholtz bestand nun darin, diese Betrachtungen auf das Mikroskop angewandt zu haben, dessen Oeffnungswinkel wegen ihrer Größe — bis nahezu $180°$ — der Berechnung des Effekts merkliche mathematische Hindernisse in den Weg stellten. Seine Ergebnisse zeigten sich bei experimenteller Prüfung teilweise in einem für ihn unerklärlichen Widerspruch mit der Beobachtung.

Der große Schritt, den Abbe kurz vorher getan hatte, war die Erkenntnis, daß beim Mikroskop in dessen gewöhnlicher Anwendungsweise die einzelnen Punkte des Objekts gar nicht als Ausgangspunkte selbständiger Lichtwellenzüge angesehen werden dürfen, da die Präparate schon bei mittleren Vergrößerungen fast stets im durchfallenden Licht betrachtet werden, daß also die „Wellenzentren" nicht in diesen Präparaten, sondern in der eigentlichen Lichtquelle, z. B. der Mikroskopierlampe, zu suchen seien und eine „Beugung" demgemäß vor allem im und am Präparat stattfinde. Wie Abbe diese Betrachtungsweise, die auf den ersten Blick eine außerordentliche Komplikation zu bedeuten scheint, durchgeführt hat, so daß der Einfluß aller maßgebenden Faktoren der Lichtquelle, des Objekts, des abbildenden Systems und insbesondere wieder der des „Oeffnungswinkels" vollkommen übersichtlich erkennbar bleibt, das darzustellen ist hier nicht der Ort. Nur so viel mag gesagt werden, daß von der Oeffnung des Systems wiederum der Umfang abhängt, in dem die am Präparat gebeugten Wellenzüge zur Mitwirkung für das Bild gelangen, und daß hiervon ebenfalls die Schärfe des Bildes abhängt.

Hier aber, beim Mikroskop, d. h. bei der Abbildung nicht selbstleuchtender Objekte, kommt noch etwas anderes hinzu, und das ist gerade das in besonderem Maße Neue und Interessante. Infolge der nur partiellen Mitwirkung der von der Lichtquelle ausgehenden Strahlen an dem Beugungsvorgange wird das Bild nämlich hier nicht nur unscharf, es wird sogar dem Objekte unähnlich und kann geradezu falsch werden. So kann man — und dieser Art waren die erwähnten, verblüffenden Hallenser Versuche — durch künstliche Abblendung bestimmter Strahlen als Bild eines

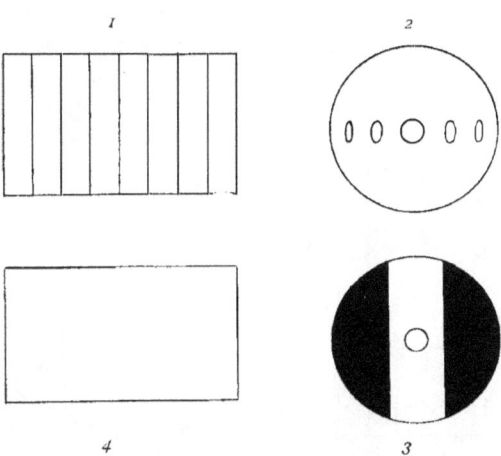

Fig. 6. *1* Streifengitter, *2* Beugungsfigur desselben in der Oeffnung des Mikroskop-Objektivs, *3* teilweise abgeblendete Beugungsfigur, *4* Bildergebnis: graue, inhaltleere Fläche.

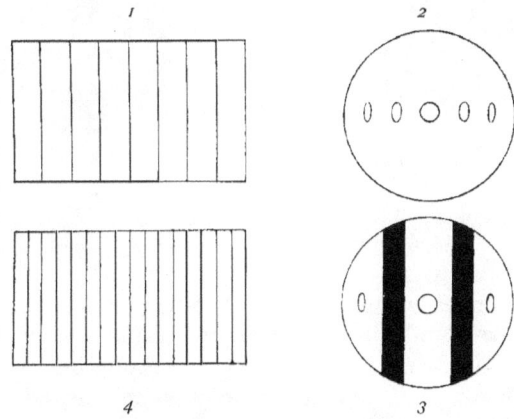

Fig. 7. *1* Streifengitter, *2* Beugungsfigur, *3* teilweise abgeblendete Beugungsfigur, *4* Bildergebnis: doppelt enges Streifengitter.

Streifengitters eine gleichmäßig graue Fläche (Fig. 6) oder, bei anderer Abblendung zwar ein Streifengitter, aber mit doppelt so engen Streifenabständen (Fig. 7) oder als Bild eines Kreuzgitters ein Gitter mit diagonalen Streifen (Fig. 8) erhalten. Die Abbildung eines Objektes ist eben nicht derartig, daß die einzelnen Strahlen die einzelnen Teile des Bildes liefern, sondern alle Strahlen sind bei allen Teilen des Bildes beteiligt, und bei Wegnahme eines Teiles der Strahlen wird nicht nur ein Teil, sondern das ganze Bild verstümmelt. Unter diesen Umständen kann man sich gar nicht mehr wundern, daß man in älteren Mikroskopen die verschiedensten Zerrbilder von Präparaten erhielt — es wurde eben das Wellensystem der Lichtstrahlen gar zu arg verstümmelt; und darin, daß dies bei den neuen Mikroskopen nicht mehr geschieht, als es durch die Natur des Lichtes nun einmal bedingt ist, liegt der gewaltige Fortschritt.

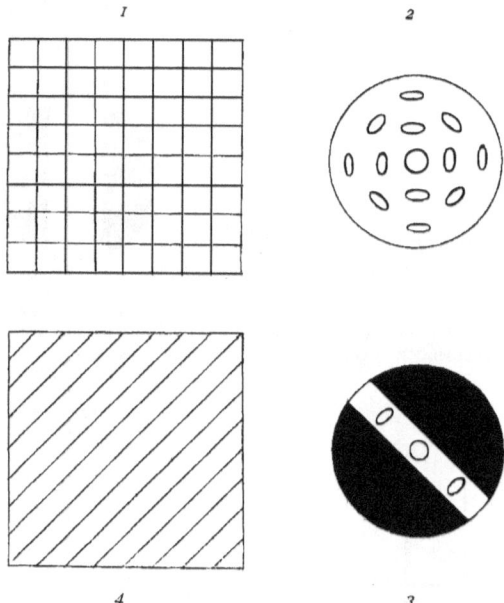

Fig. 8. *1* Kreuzgitter, *2* Beugungsgitter, *3* teilweise abgeblendete Beugungsfigur, *4* Bildergebnis: Diagonalgitter.

Erreicht aber konnte dies nur werden in erster Linie durch die Anwendung optisch viel vollkommenerer Objektivsysteme (denn nur bei solchen kann man es wagen, große Oeffnungswinkel anzuwenden, d. h. wenig abzublenden), und in zweiter Linie durch eine Reihe glücklicher sekundärer Ideen, die in dem gleichen Sinne wirken, und von denen hier nur die eine erwähnt sei, die der Konstruktion des Abbeschen Beleuchtungsapparates zu Grunde liegt. Dieser Apparat gewährt die Möglichkeit, sowohl die Oeffnung wie die Einfallsrichtung der beleuchtenden Strahlenbündel innerhalb weiter Grenzen beliebig zu verändern und somit die Leistungsfähigkeit der vervollkommneten Objektivsysteme auch wirklich auszunutzen.

Das neue Glas.

Es ist bis jetzt nur immer von der Form gesprochen worden, die man den Linsen geben müsse, um gute Bilder zu erhalten. Aber der Strahlenverlauf hängt noch von einem anderen Faktor ab, nämlich von dem Material, aus welchem die Linsen gefertigt sind. Nun wird man sagen, daß doch hierüber kein Wort zu verlieren sei, weil das Material eben nur Glas sein könne. Das ist nun erstens, wie wir sehen werden, nicht durchweg richtig, wenn auch die überwältigende Mehrzahl aller Linsen aus Glas besteht. Das hauptsächliche Mißverständnis aber liegt in dem Begriff „Glas". Wenn man von einem Gegenstande sagt, er sei aus Metall, so wird man gefragt: aus welchem Metall? Aus Kupfer oder Eisen oder Bronze oder Messing? Es gibt eben sehr verschiedene Metalle, „Metall" ist ein Sammelbegriff. Daß nun ganz dasselbe vom „Glase" gilt, ist eine weit weniger bekannte Tatsache. Glas entsteht durch das Zusammenschmelzen von Mineralien, Säuren, Oxyden, Erden u. s. w., und die Mannigfaltigkeit ist hier sicher ebenso groß wie bei den Metallen. Allerdings kann man nicht alle Stoffe und diese nicht in beliebigen Verhältnissen zusammenschmelzen, um Glas zu erhalten; in vielen Fällen erhält man Kristallbildungen, und das Charakteristische des Glases ist eben, daß es formlos, unkristallisch ist. Und selbst wenn man Glas erhält, ist es nicht immer brauchbar, speziell optisch brauchbar, weil es nicht haltbar oder nicht genügend durchsichtig oder nicht genügend farblos ist. Immerhin bleiben noch Tausende von möglichen Kombinationen von Stoffen übrig, die brauchbares Glas liefern können.

Bis in das 19. Jahrhundert hinein war trotz dieser Erkenntnis die „Musterkarte" der Glashütten eine äußerst beschränkte. Man machte eigentlich nur zwei Glassorten, nämlich sogenanntes Kronglas und sogenanntes Flintglas, mit Kieselsäure, Natron und Kali, sowie für Flintglas noch Bleioxyd als wesentlichen Bestandteilen. Kronglas hat die Eigenschaft, dem Lichtstrahl sowohl eine kleine Brechung als auch eine kleine Farbenzerstreuung zu erteilen; bei Flintgläsern sind beide Erscheinungen, Brechung und Farbenzerstreuung, kräftig. Infolge des Bleizusatzes ist es auch spezifisch schwerer, man hielt deshalb bis in die neueste Zeit durchweg die spezifisch schweren Gläser auch für die stärker brechenden und umgekehrt. Auch stellte man noch mehrere

Abarten jeder dieser Sorten her, so daß man vom „leichtesten" Kron bis zum „schwersten" Flint eine fortlaufende, wenn auch lückenhafte Reihe von schwächster zu stärkster Brechung und Farbenzerstreuung erhielt (vgl. Fig. 10). Dabei war außerdem die Farbenzerstreuung meist keine sehr gleichmäßige, d. h. es wurde von den verschiedenen Gläsern ein Spektrum erzeugt, das in seinen verschiedenen Teilen ziemlich ungleich ausgedehnt war.

Nun hatte man längst eingesehen, daß dieses Material für die Optik viel zu ärmlich war; aber man konnte die Glashütten nicht bestimmen, auf größere Mannigfaltigkeit ihrer Produktion hinzuarbeiten — sehr begreiflich, da das für optische Zwecke benötigte Glas gegenüber der gesamten Glaserzeugung so minimal war und noch ist, daß es finanziell zunächst ganz unlohnend erschien. Der Anstoß mußte von den Optikern selbst ausgehen. Und auch hier ist, wenn von den Vorläufern Jenas die Rede ist, in erster Linie der Name des genialen Fraunhofer zu nennen, der, durch einen französischen Schweizer Namens Guinand auf den richtigen Weg gebracht, diesen so erfolgreich beschritt, daß er aller Wahrscheinlichkeit nach zum Ziele gelangt wäre, wenn ihn nicht ein frühzeitiger Tod abberufen hätte. Auch in England unternommene Bemühungen verliefen im Sande, und so war denn, als Abbe im Vereine mit Carl Zeiß das Mikroskopproblem in Angriff nahm, der Stand der optischen Glastechnik fast noch derselbe ärmliche, der er seit alters her gewesen war.

Bei seinen Rechnungen kam Abbe häufig zu einem Punkte, wo er sich sagen mußte: die und die Linsen würden ein wundervolles Mikroskop ergeben, wenn man sie aus dem und dem Glas anfertigen könnte; besonders handelte es sich dabei einerseits um Gläserpaare mit sehr gleichmäßiger Dispersion in allen Teilen des Spektrums, wodurch es möglich geworden wäre, durch Kombination von Linsen aus ihnen ganz farblose Bilder zu erzielen, und sodann um Gläser, die starke Brechung und trotzdem schwache Farbenzerstreuung oder umgekehrt besäßen, also abseits von der allein bekannten Reihe der Gläser lägen.

„Jahrelang haben wir" — so erzählt Abbe von seinen Arbeiten mit Carl Zeiß — „neben wirklicher Optik sozusagen noch Phantasieoptik getrieben, Konstruktionen in Erwägung gezogen mit hypothetischem Glase, das gar nicht existierte, indem wir die Fortschritte diskutierten, die möglich werden würden, wenn einmal die Erzeuger des Rohmaterials dahin zu bringen sein sollten, für fortgeschrittene Aufgaben der Optik sich zu interessieren." Auch wurden, um diese Ideen zu prüfen, Versuche mit Linsen aus Flüssigkeiten angestellt, die man mit Leichtigkeit so auswählen konnte, daß ihre optischen Eigenschaften denen des ersehnten Glases etwa entsprachen — Versuche, die sehr erfolgreich waren eine praktische Anwendung aber aus begreiflichen Gründen nicht zuließen und darum den Wunsch, die Glasindustriellen möchten jene Gläser herstellen, nur noch dringender machten.

Otto Schott.

Das taten nun die Glastechniker freilich nicht; sie stellten nach wie vor nur Glassorten her, die sich leicht und bequem schmelzen ließen, und rubrizierten sie nach dem Gewicht, als ob sie, wie Abbe sich sarkastisch ausdrückt, als Schiffsballast dienen sollten. Aber die jenen Phantasiestudien gewidmete Zeit war trotzdem nicht verloren; denn immer lebhafter gestalteten sie den Wunsch nach Schaffung einer entsprechenden Wirklichkeit, und immer klarer und durchgearbeiteter ließen sie die Probleme erscheinen, die sich hier darboten. Und schließlich sollte die Stimme des Optikers doch noch ein Echo finden; ein Bericht, den Abbe aus Anlaß einer 1876 in London veranstalteten Ausstellung wissenschaftlicher Instrumente über den derzeitigen Zustand der Mikroskopoptik abfaßte, und in welchem er der Klage beweglichen Ausdruck verlieh, daß den praktischen Optikern jetzt alles zur Verfügung stände: eine ausgebildete Theorie und eine erprobte Technik, daß ihnen nur das geeignete Material zum Bau ihrer Linsen fehle, dieser Bericht fand unter seinen Lesern einen, der hervortrat und erklärte, an die Arbeit gehen zu wollen. Dieser eine war der durch Familientradition und eigenes Studium in der Glasindustrie heimische Dr. Otto Schott[1]) in Witten in Westfalen. Was ihn lockte, konnte, bei der Unsicherheit eines Erfolges und seiner, selbst wenn er eintrat, voraussichtlich sehr bescheidenen materiellen Höhe, nur die Aufgabe selbst sein, der Wunsch, dieses schon wiederholt ver-

---

1) Otto Schott, geb. 1851 zu Witten, studierte 1870—1875 in Aachen, Würzburg und Leipzig, promovierte in Leipzig 1875 mit einer Dissertation „Die Fehler bei der Fabrikation des Fensterglases" und war dann teils in chemischen Fabriken tätig, teils richtete er solche im Auslande (Spanien und Schottland) ein. Seit einem Vierteljahrhundert widmet er seine Kraft dem Ausbau des Jenaer Glaswerkes, das zur Zeit etwa 800 Angestellte hat und seine Fabrikation auf die verschiedensten Gebiete der Glastechnik erstreckt.

geblich in Angriff genommene Problem nun wirklich zur Lösung zu bringen. Erwägt man dies, so wird man nicht zögern, den beiden Idealisten Zeiß und Abbe als dritten Schott hinzuzugesellen, auch nachdem sich gezeigt hat, daß jene Voraussetzung eine irrige war, daß die wissenschaftliche Glastechnik auch nach der materiellen Seite hin Früchte zu pflücken erlaubt. Denn ein Idealist im besten Sinne des Wortes ist nicht notwendig der, der sich für jetzt und immer von der Wirklichkeit loslöst, nein, der, welcher es zur Stunde tut, weil er ideale Gedanken beherbergt, von denen er die Ueberzeugung hegt, daß sie in die Wirklichkeit eintreten können; und der, wenn er dieses Ziel erreicht hat, nunmehr in und mit der Wirklichkeit sich des Erfolges freut. In diesem Sinne wird der höchste Idealist zugleich auch der erfolgreichste Praktiker sein, und das sind, jeder von ihnen in seiner Nuance, Ernst Abbe und Otto Schott.

Fig. 9. Abbesches Spektrometer.

Angeregt durch die Lektüre des Abbeschen Berichts wandte sich also Schott im Jahre 1881 an Abbe und stellte in Gemeinschaft mit ihm den Plan zu den weit ausschauenden Untersuchungen fest. Schott führte in Witten die Versuchsschmelzen zunächst in ganz kleinem Maßstabe (je 20—60 g), aber dafür unter Berücksichtigung möglichst aller chemischer Elemente, welche in glasige Schmelzverbindungen eintreten können, aus; Abbe resp. sein Assistent Dr. Riedel untersuchte die Proben mit dem von Abbe eigens hierzu erfundenen bezw. verbesserten Spektrometer (Fig. 9). Sehr bald ergaben sich gewisse Beziehungen zwischen der chemischen Zusammensetzung und den optischen Eigenschaften, und es konnte nun planmäßig weiter gearbeitet werden. Schott siedelte 1882 nach Jena über, und unter Mitwirkung von Carl Zeiß und dessen Sohn Roderich Zeiß wurden die Versuche nun in größerem Maßstabe, mit Schmelzen bis zu 10 Kilo, fortgesetzt. Vielleicht wäre es trotzdem nicht möglich gewesen, daraufhin zu einem regulären industriellen Betriebe zu gelangen, wenn nicht auf die vereinigten Bemühungen Abbes und einiger Berliner Techniker und Gelehrten (Carl Bamberg, Wilhelm Förster, Wehrenpfennig) hin das preußische Unterrichtsministerium, an dessen Spitze damals der für wissenschaftliche wie industrielle Fortschritte stets eintretende v. Goßler stand, eigens zu diesem Zwecke eine namhafte Subvention zur Verfügung gestellt hätte. Die Bereitwilligkeit verdient um so mehr Anerkennung, als sie auch aufrecht erhalten wurde, nachdem die anfänglich gestellte Bedingung, die Glasschmelze möchte nach Berlin verlegt werden, an

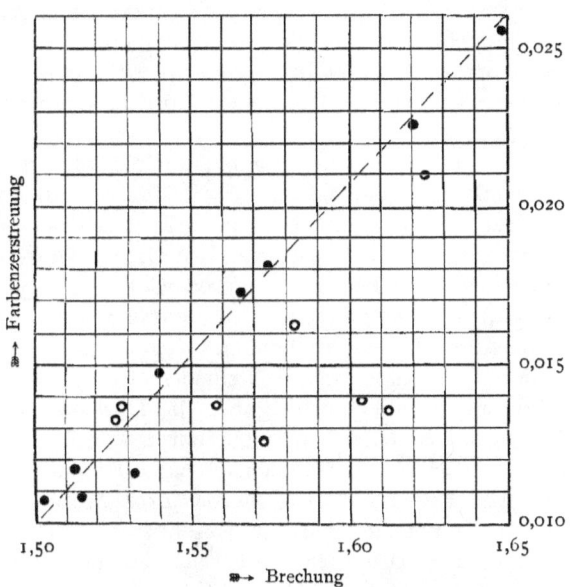

Fig. 10. Graphische Darstellung des alten und neuen Glases.
● alte Gläser (sämtlich nahe der Diagonale).
o neue Jenaer Gläser (zum Teil weit nach rechts abweichend).

der Weigerung Schotts, sich von Abbe und Jena zu trennen, gescheitert war. Und wenn man heute rückwärts blickend erwägt, wie sich die Dinge wohl gestaltet haben würden, wenn der neue Mitarbeiter ein Mann gewesen wäre, für den vielleicht die Verlockungen der Weltstadt den Ausschlag gegeben hätten, jene Bedingung anzunehmen, so kann man es nur als ein für die Sache unschätzbares Glück preisen, daß es so kam, wie es gekommen ist. Denn das Zusammenarbeiten von Abbe und Schott, ihre gegenseitigen Anregungen und

Beratungen haben nach beiden Seiten hin die wohltätigsten Folgen gehabt, und es ist schwer, sich heutzutage die Zeißsche Werkstätte ohne die Glashütte oder diese ohne jene zu denken.

So wurde denn die Glashütte im Herbst 1884 unter der Firma „Glastechnisches Laboratorium Schott und Genossen" in Betrieb gesetzt; und schon 1886 erschien der erste Katalog der Glasschmelzen. Er enthielt eine so große Zahl von Neuheiten, insbesondere Baryt-, Borsäure-, Phosphat- und Zinkgläser, die den oben erwähnten Wünschen der Optiker nach verschiedenen Seiten hin gerecht wurden, daß man von diesem Zeitpunkt an eine neue Aera datieren kann, und zwar nicht nur der Mikroskoptechnik, sondern hinsichtlich des Baues optischer Instrumente und Apparate überhaupt.

Es ist hier nicht möglich, ausführlich auf die fabrikatorische Entwickelung der Glashütte einzugehen, es müssen einige Bemerkungen genügen. Uebrigens liegt der Schwerpunkt der Fabrikation, was die Menge betrifft, längst nicht mehr auf optischem, sondern auf anderen Gebieten (Zylinder und andere Glaskörper, Thermometer und anderes Röhrenglas, Geräteglas mit besonderer Unempfindlichkeit gegen plötzliche Temperaturveränderungen u. s. w.[1]). Nichtsdestoweniger ist aber die Hütte ihrer ursprünglichen Aufgabe, die Herstellung optisch wertvoller Glassorten zu betreiben, nicht nur treu geblieben, sondern sie hat diese Aufgabe neuerdings nach verschiedenen Richtungen hin erweitert. Besonders sind hierbei drei Probleme anzuführen, von denen die beiden ersten im wesentlichen gelöst sind, während die Lösung des dritten gut vorbereitet ist; alle drei beziehen sich auf die Durchlässigkeit des Glases für Strahlen, aber jedes auf eine andere Seite dieses Problems. Beim ersten handelt es sich um die Herstellung von Gläsern, die in höherem Sinne als die bisherigen farblos sind, d. h. alle Strahlen des Spektrums in gleichem Maße durchlassen. Gewöhnliches Kronglas ist immer grünlich, Flintglas immer gelblich, und selbst die früheren Erzeugnisse des Jenaer Glaswerks ließen noch stärkere Spuren von Färbung erkennen, als für manche Zwecke erwünscht war. Jetzt sind in gewissen Borosilikat- und Barytgläsern Schmelzungen gelungen, die als farblos im höchsten Maße bezeichnet werden dürfen. — Zweitens ist es, namentlich auf Grund von Studien

---

[1] Näheres findet man in dem Buche von Hovestadt: Jenaer Glas und seine Verwendung in Wissenschaft und Technik, Jena 1900.

Dr. Zschimmers, gelungen, Gläser herzustellen, die, von ihrem Verhalten gegen die sichtbaren Strahlen abgesehen, sich auszeichnen durch ihr Verhalten gegenüber den ganz kurzwelligen Strahlen, die jenseits des sichtbaren Spektrums liegen und deshalb **ultraviolette Strahlen** heißen. Die bisherigen Glassorten verschlucken diese Strahlen sehr stark, die neuen lassen sie in relativ hohem Maße durch, sie werden dadurch für viele Zwecke, z. B. für die Photographie, konkurrenzfähig mit den bisher dafür verwandten Kristallen: Quarz, Flußspat, vor denen sie andererseits, vom Preise ganz abgesehen, mancherlei Vorzüge haben. Bei Besprechung der Astroabteilung wird hiervon noch die Rede sein. — Drittens endlich handelt es sich um Gläser, die gerade nach der entgegengesetzten Richtung ausgezeichnete Eigenschaften haben, nämlich um **Farbgläser** ganz bestimmten Charakters. Farbgläser gibt es ja genug; hier aber stehen Gläser in Frage, die aus dem Spektrum einzelne Distrikte heraussieben, und zwar ein Glas den einen, ein anderes einen anderen Distrikt u. s. w. Namentlich für die Vervollkommnung der Photographie in natürlichen Farben verspricht diese Untersuchung, die, wie gesagt, noch im Gange ist, sehr aussichtsreich zu werden.

Die Hauptschwierigkeiten, die sich bei der Herstellung derartig neuer Gläser einstellen, liegen darin, daß das Glas neben den gewollten noch andere unerwünschte Eigenschaften bekommt; sind diese wirklich störend, so müssen sie beseitigt werden, oder das Glas ist unbrauchbar. Ein Mangel dieser Art ist Schlierenbildung — Ungleichheit des Materials — ein anderer die Ungleichheit der Spannungen im Glase, die sich bis zum Zerspringen steigern kann; sie läßt sich nur durch die Prozesse der Umschmelzung und äußerst feinen Kühlung beseitigen, und gerade in dieser Hinsicht sind im Jenaer Glaswerk im Laufe der Jahre große Fortschritte gemacht worden. Es gibt aber auch Fehler, die für die optische Verwendung gleichgiltig sind und nur den Charakter von Schönheitsfehlern haben; dazu gehören namentlich kleine in der Glasmasse eingeschlossene Gasbläschen, die sich bei einigen Schmelzen gar nicht vermeiden lassen, von deren Existenz indessen die astronomische, photographische u. s. w. Wirkung keine Spur verrät.

Wir sind hiermit unversehens an dem Punkte angelangt, wo wir unsere Betrachtungen erweitern müssen, entsprechend der

Repertoirerweiterung, die die Zeißsche Werkstätte erfuhr, nicht zum kleinsten Teile angeregt eben durch die weiten Perspektiven, die der Besitz des neuen Rohmaterials eröffnete.

Man kann sich die Entwickelung des Unternehmens sehr gut veranschaulichen, wenn man drei Perioden unterscheidet: als erste die von 1846 bis 1872 reichende Periode der Kindheit, sozusagen jene Periode, die durch die Verwirklichung von Abbes Theorie ihr Ende nahm, die mit 1889 einsetzende Periode der Reife, und zwischen beiden, von 1872 bis 1889, die Uebergangsperiode, als solche charakterisiert 1) durch den Ausbau der Mikroskoptechnik (homogene Immersion 1879, Apochromat 1886, s. w. u.); 2) durch die Vervollkommnung des Betriebes, indem in dieser Zeit die Werkstätte emporwuchs vom handwerksmäßigen zum Großbetrieb. Die wachsende Größe war eben eine Folge der Vervollkommnung; und die wachsende Größe ihrerseits brachte wieder mit sich die Arbeitsteilung, die Angliederung von Hilfsbetrieben und schließlich die Erweiterung des Programms (näheres hierüber ist aus den Schlußtabellen zu entnehmen).

Die Erweiterung des Programms.

Wenn die Zeißsche Werkstätte auch im Laufe der Zeit, dank der Anerkennung, die ihre Mikroskope fanden, sich ausgedehnt und ihre Arbeiterzahl vervielfacht hatte (vgl. die Zusammenstellungen am Schlusse), so war der Rahmen ihrer Tätigkeit und der ganze Charakter ihres Betriebes doch während der ganzen 30 Jahre ein eng begrenzter und handwerksmäßiger geblieben; jetzt, an der Wende der 70er und 80er Jahre, änderte sich alles mit einem Schlage. Aus der Werkstätte wurde der fabrikatorische Großbetrieb, aus der Mikroskopie wurde die gesamte praktische Optik, indem immerfort neue Fabrikationszweige angegliedert wurden. Da war es denn von entscheidender Wichtigkeit, Mitarbeiter zu finden, welche teils sich an der Gesamtleitung in dem einen oder anderen Sinne — technisch oder kaufmännisch — beteiligen konnten (denn nachdem bei Carl Zeiß sich Spuren von Alter und Krankheit zu zeigen begannen, hätte Abbe allein gestanden), teils geeignet waren, bei der Umwandlung des Betriebes aus einem ungeteilten in einen solchen mit einzelnen selbständigen Abteilungen (Mikro-, Tele-, photographische, Meßabteilung u. s. w.) an die Spitze dieser einzelnen Abteilungen zu treten. In ersterer Hinsicht sind im wesentlichen die folgenden Männer zu nennen: Roderich Zeiß einerseits und die gegenwärtigen Geschäftsleiter: Czapski, Max Fischer, Straubel andererseits.

Roderich Zeiß, der Sohn des Begründers, stellte das Unternehmen auf eine geregelte kaufmännische und fabrikatorische Basis, während er andererseits auch an der technischen Erweiterung des Betriebes, wenn auch nur kurze Zeit, eifrig mitarbeitete (er schied 1889 aus).

Siegfried Czapski kam auf den Rat von Helmholtz in jungen Jahren von Berlin nach Jena und rief, gleich nachdem er seine Tätigkeit als Privatassistent von Abbe begonnen hatte, durch das volle Verständnis, das er den ihm gestellten Aufgaben entgegenbrachte, in Abbe die Ueberzeugung wach, in ihm den Mann gefunden zu haben, der berufen sei, ihn in der Führung des Unternehmens in wirksamer und selbständiger Weise zu unterstützen. Diese Ueberzeugung hat Czapski in einer Weise gerechtfertigt, die eine um so ausdrücklichere Anerkennung verdient, als seine Stellung und Tätigkeit vielfach eine recht undankbare war. Denn wenn man mit den Namen anderer Mitarbeiter der Werkstätte bestimmte Leistungen und Erfolge in eindeutige Verknüpfung bringen kann, so ist dies bei Czapski relativ selten der Fall; und doch hat er an fast allem, wodurch die Firma Carl Zeiß groß geworden ist, einen entscheidenden Anteil, noch dazu einen Anteil vielfältiger Art, nämlich sowohl auf Grund der klaren Einsicht in die wissenschaftlichen Fundamente der in Frage kommenden Probleme, wie sie ihm gegeben war, und wie sie ihn u. a. befähigte, zum ersten Mal eine zusammenhängende Darstellung der Abbeschen geometrischen Optik zu geben, als auch in Bezug auf die technischen und organisatorischen Fragen, mit denen ihre Durchführung stand und fiel. Daß er bei Schaffung der jetzigen Organisation in die Geschäftsleitung eintrat, ergab sich auf diese Weise ganz von selbst.

Max Fischer übernahm, nachdem er im In- und Auslande reiche Erfahrungen gesammelt hatte, 1890 die Aufgabe, die von Roderich Zeiß angebahnte kaufmännische Ausgestaltung durch- und fortzuführen; eine Aufgabe, deren Schwierigkeiten bei einem so rasch sich entwickelnden Unternehmen gewiß nicht gering anzuschlagen sind.

Rudolf Straubel war am Ende seiner Studienzeit Assistent am physikalischen Institute der Universität geworden, habilitierte sich 1893 und wurde 1897 außerordentlicher Professor. Die nahen Beziehungen, in die er frühzeitig zu Abbe getreten war, führten ihn nicht bloß wissenschaftlich auf das optische Gebiet, auf dem er namentlich Arbeiten über Beugung des Lichtes veröffentlichte; diese Beziehungen machten ihn nach und nach zum Vertrauten der Bestrebungen der optischen Werkstätte. So trat er denn 1901 zunächst als Mitarbeiter ein, um schon 1903 in die Geschäftsleitung berufen zu werden; beides, ohne seine akademische Tätigkeit aufzugeben.

Die mikroskopische Abteilung.

Wenden wir uns nun zu den einzelnen Abteilungen, in die sich gegenwärtig das Unternehmen gliedert, seit es den Uebergang vom handwerksmäßigen zum Fabrikbetriebe gemacht hat! Es sind, was die Optik betrifft, die folgenden Abteilungen:

1) die mikroskopische Abteilung,
2) die Abteilung für Projektion und Mikrophotographie,
3) die photographische Abteilung,
4) die astronomische Abteilung,
5) die Erdfernrohrabteilung,
6) die Meßabteilung;

daran schließen sich dann noch die Abteilung für Maschinenbau (zunächst für eigenen, dann aber auch für fremden Bedarf) und die Hilfsbetriebe (Tischlerei, Buchbinderei, Baubureau u. s. w.).

Naturgemäß beginnen wir mit demjenigen Zweige, von dem das Unternehmen ausging, und von dem wir schon ausführlich gesprochen haben: mit der unter der Leitung der Herren Prof. Ambronn und Dr. v. Rohr stehenden Mikroskopie. Hier sind, von der bereits erledigten Fundamentalaufgabe (Strahlenverlauf mit Rücksicht auf die Beugung) abgesehen, folgende Fortschritte besonders hervorzuheben:

1) Die homogene Immersion. Sehr störend für die Abbildung ist der Umstand, daß die Lichtstrahlen zwischen Objekt und Objektiv noch zwei Medien zu durchsetzen haben: das Deckgläschen, das zum Schutze des Objektes unentbehrlich ist, und die Luftschicht zwischen Deckgläschen und Objektiv. Hierdurch tritt Lichtverlust, Verschlechterung der Abbildung und störende Reflexion ein. Man vermeidet diese Uebelstände, indem man die Luft durch eine Flüssigkeit ersetzt, und zwar entweder durch

Wasser (Amici 1840, Hartnack 1855), Glycerin (Gundlach 1867), verschiedene Oele (Amici 1860), oder, weit vollkommener, durch eine Flüssigkeit, welche dieselbe Lichtbrechung wie das Glas (sowohl das Deckglas, als auch das Glas der Frontlinse des Objektives) hat, also sozusagen mit dem Glase optisch übereinstimmt; man nennt solche Systeme im Gegensatze zu den „Trocken"- und gewöhnlichen Immersions-Systemen: homogene Immersionssysteme (Stephenson und Abbe 1878); als Flüssigkeit für diese dient nach Abbes Vorgang fast allgemein Cedernöl.

Fig. 11 und 12. Zwei Formen homogener Immersionssysteme (aus je 6 Linsen bestehend), 4mal vergrößert.

2) Die Apochromate (Abbe 1886). Das Problem, die Farbenzerstreuung bei der Brechung durch Linsen zu verhüten, wird bekanntlich in erster und roher Annäherung durch „achromatische" Linsenkombinationen — eine Kron- und eine Flintlinse — gelöst; es bleiben aber immer noch objektfremde Farben, das sogenannte sekundäre Spektrum, übrig. Wir wissen bereits, auf welchem Wege sich weiter kommen läßt, durch Verwertung der neuen Gläser. Solche Linsenkombinationen nennt man, da sie das sekundäre Spektrum und die chromatische Differenz der sphärischen Aberration so gut wie ganz „wegnehmen" (und zwar bei Verwendung besonderer „Kompensationsokulare" in allen, auch den exzentrischen, Teilen des Bildes), „Apochromate".

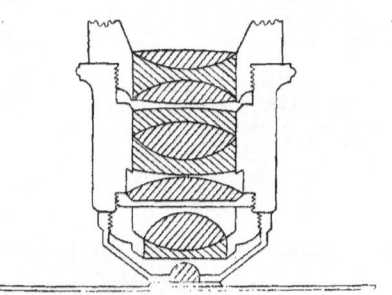

Fig. 13. Apochromat (aus 10 Linsen bestehend), 2½mal vergrößert).

Ein apochromatisches Mikroskop mit homogener Immersion leistet eine mikroskopische Abbildung, wie man sie in Bezug auf Lichthelligkeit, Bildschärfe, Richtigkeit der Zeichnung und der Farben früher kaum für möglich gehalten hätte. Freilich ist es auch entsprechend kompliziert gebaut: besteht doch allein das Objektiv (Fig. 13) eines solchen Mikroskops im allgemeinen aus nicht weniger als 10 einzelnen, zum Teil freien, zum Teil miteinander verkitteten Linsen!

Diese Apochromate stellen übrigens eine noch weitergehende Verallgemeinerung des Materials dar, indem bei ihnen nicht alle Linsen aus Glas hergestellt sind. An dessen Stelle tritt vielmehr unter Umständen ein natürliches Mineral, der Flußspat, der hierzu durch seine besonderen, durch keine Glasschmelzung erreichbaren optischen Eigenschaften prädestiniert ist. Flußspat als grobes Material ist auf der Erde sehr verbreitet; es war aber recht mühselig, optisch klare Stücke aus aller Herren Länder sich zu verschaffen.

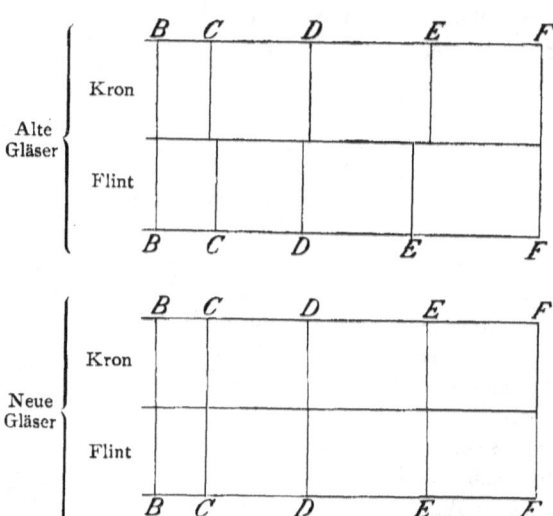

Fig. 14. Die Spektren sind durch die Fraunhoferschen Linien B bis F charakterisiert. Zwei von diesen Linien, hier B und F, kann man durch die Wahl der Prismenwinkel resp. der Linsenkrümmung von Kron- und Flintglaskörper zum Zusammenfallen bringen; bei den neuen Gläsern fallen dann auch C, D, E zusammen, bei den alten nicht, und dadurch entsteht bei letzteren das störende „sekundäre Spektrum".

Neben diesen beiden Hauptpunkten ist noch folgendes auswahlsweise zu erwähnen:

3) **Der Abbesche Beleuchtungsapparat oder Kondensor**, von dem in einer gewissen Hinsicht schon die Rede war, der aber auch sonst den gesteigerten Ansprüchen qualitativen und quantitativen Charakters an die Beleuchtung der mikroskopischen Objekte gerecht wird.

4) **Wesentliche Verbesserung des Stativs und des Objekttisches**, erstens in der Richtung, daß die feinen Einstellungen des Rohres und die feinen Verschiebungen des Objektes ungleich zuverlässiger und zugleich in einer Weise erfolgen, welche

die Beobachtung in ausgedehntem Felde weniger als früher beeinträchtigt; andererseits in der Richtung, daß es gegenwärtig nicht nur in optischer, sondern auch in mechanischer Hinsicht möglich ist, ein anfänglich bezogenes wohlfeiles Instrument nach und nach durch Nachbezug höherklassiger Objekttische, Beleuchtungsvorrichtungen u. s. w. zu ergänzen, ohne daß ein Umbau des Instrumentes erforderlich wäre; drittens endlich in der Richtung, daß ohne Beeinträchtigung der Qualität und Solidität doch der Preis, durch Beseitigung von unnötigem Luxus, nicht unwesentlich herabgesetzt werden konnte. Es sind das Fortschritte, um die sich namentlich Max Berger verdient gemacht hat. In Fig. 16 ist ein großes, auch zur photographischen Benutzung eingerichtetes, in Fig. 17 das neue ergänzbare und vereinfachte Stativ abgebildet.

5) **Die binokularen Mikroskope.** Für wissenschaftliche Zwecke wird die Beobachtung mit einem Auge immer die Hauptsache bleiben, sowohl für das mikroskopische wie für das teleskopische Beobachten. Aber es gibt doch Fälle, in denen es erwünscht ist, mit beiden Augen zu beobachten, nämlich um den in diesem Falle bekanntlich erzielbaren stereo-

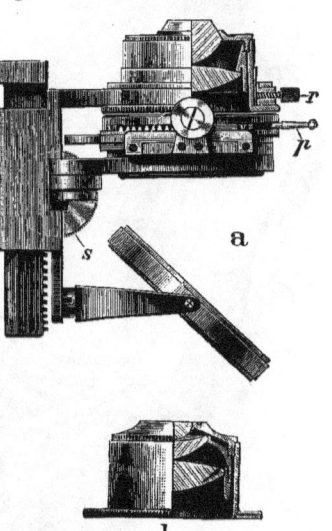

Fig. 15. Abbescher Beleuchtungsapparat. *a* zweilinsiger, *b* dreilinsiger Kondensor.

skopischen Effekt, das räumliche Sehen, auszunutzen. Wir werden später sehen, wie man die Plastik der Gegenstände, wie sie sich den freien Augen darbieten, sogar künstlich noch steigern kann; darum handelt es sich hier aber noch nicht, es handelt sich lediglich darum, statt des rein flächenhaften Eindrucks, den man mit einem Auge hat, einen einigermaßen plastischen zu gewinnen, und hierzu dienen die binokularen Mikroskope. Der gedachte Zweck läßt sich auf zwei verschiedene Arten erreichen. Einmal, wie dies beim **Abbeschen stereoskopischen Okular** (1881) geschieht, dadurch, daß die vom Objektiv kommenden Strahlenbüschel, bevor sie zum Okular gelangen, mit Hilfe einer Prismenkombination in zwei getrennte Büschel gespalten werden; benutzt man diese beiden Büschel vollständig, so erhält man einen gewöhnlichen, benutzt man von jedem (durch halbkreisförmige Blenden) nur die eine Hälfte, so erhält man einen stereoskopischen Effekt. Die andere, weit radikalere Lösung der Aufgabe ist von Greenough (1892) angeregt worden; hier (Fig. 18) werden zwei vollständige Mikroskope miteinander kombiniert, und durch besondere Vorrichtungen (Porrosche Prismen, die wir bei anderer Gelegenheit näher kennen lernen werden) ist dafür gesorgt, daß man mit den beiden Augen zwanglos durch die beiden Mikroskope sehen und ein einheitliches stereoskopisches Bild gewinnen kann. Auf starke Vergrößerung kann bei solchen binokularen Mikroskopen kein sonderliches Gewicht gelegt werden; sie sollen vielmehr, wie gesagt, dazu dienen, von einer räumlich-plastischen Gestaltung mikroskopischer Objekte eine Anschauung zu gewinnen.

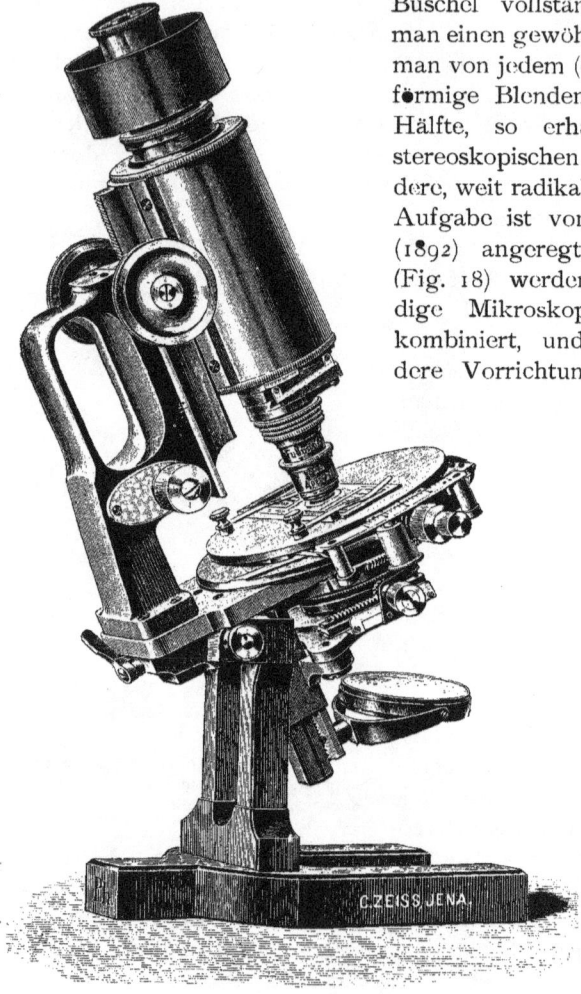

Fig. 16. Mikroskopstativ, zur subjektiven Beobachtung wie auch zur Mikrophotographie bezw. Projektion geeignet.

6) Teilweise zur mikroskopischen, teilweise aber auch zu anderen Abteilungen gehört noch eine große Zahl von verwandten und Hilfsapparaten, als: Lupen, Apertometer, Zeichenapparate (Fig. 19), Präpariergestelle, Zähl- und Meßapparate, Vorrichtung zum Arbeiten im spektral zerlegten oder polarisierten Lichte, sowie bei hohen Temperaturen (Heizmikroskop), vollständige Einrichtung zur Beobachtung der fließenden Kristalle (Lehmann und Siedentopf) u. s. w.; es würde zu weit führen, hier näher darauf einzugehen.

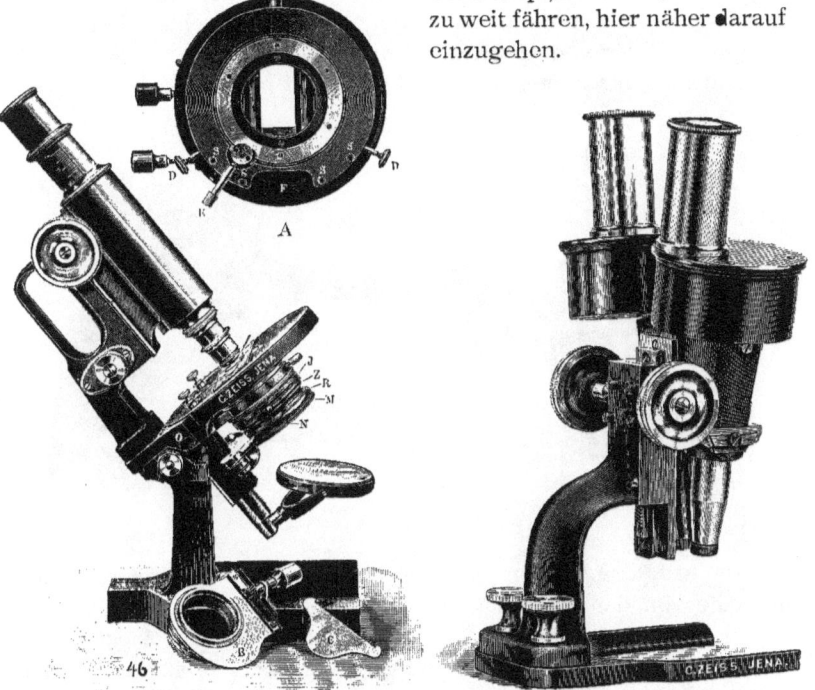

Fig. 17. Neues ergänzbares und vereinfachtes Stativ.

Fig. 18. Binokulares Mikroskop nach Greenough.

Dagegen sei noch auf einen interessanten Besitz dieser Abteilung hingewiesen, um den sich namentlich Professor Ambronn verdient gemacht hat: die historische Sammlung von Mikroskopen, in der wohl jetzt alle Haupttypen aus dem Gange einer 200-jährigen Entwickelung vertreten sind und die, außer für den Naturforscher und den Techniker, auch für den Kunsthistoriker von Interesse ist; denn selbst bei etwas so eindeutig und notwendig gegebenen, wie die Fassung des Mikroskops, ist in jedem Typ der Stil der betreffenden Zeit deutlich wahrnehmbar.

Projektion und Mikrophotographie.

Wir kommen jetzt zu einem Gebiete, das, wie schon der eine der in der Ueberschrift genannten Ausdrücke erkennen läßt, eine Brücke bildet von der Mikroskopie zur Photographie. Denn die Aufgabe, Bilder von Gegenständen an die Wand zu werfen, und die andere, mikroskopisch kleine Objekte zu photographieren, diese

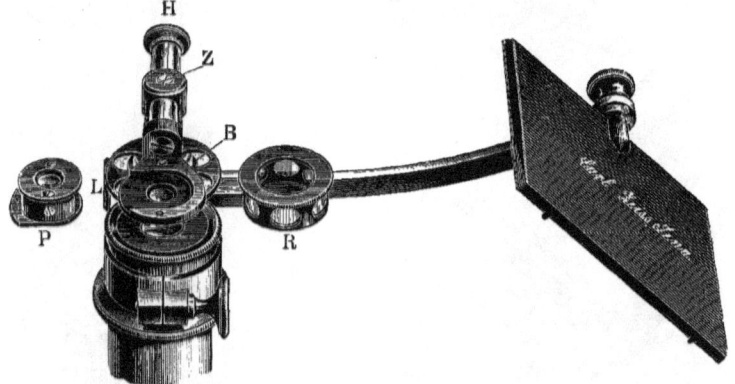

Fig. 19. Zeichenapparat nach Abbe.

beiden Aufgaben haben mit der Photographie das gemein, daß man die von den Gegenständen erzeugten Bilder nicht unmittelbar, mit dem Auge, subjektiv betrachten, sondern erst objektiv auf einer Ebene (Wand, Projektionsschirm, Mattscheibe) entwerfen und hier entweder mit dem Auge wahrnehmen oder chemisch fixieren will. Es fällt also der eine der beiden Bestandteile des Mikroskops, das Okular, entweder gänzlich weg, oder es verliert doch seine ursprüngliche Bedeutung und übernimmt unter entsprechender Umgestaltung seiner Konstruktion die Rolle eines zweiten Objektivs. Andererseits haben diese Aufgaben mit der Mikroskopie das gemein, daß sie nicht, wie die gewöhnliche Photographie, verkleinerte, sondern vergrößerte Bilder liefern sollen.

In der Zeißschen Werkstätte ist das Problem der Projektion, das ja für den wissenschaftlichen und volkstümlichen Unterricht von so außerordentlicher Wichtigkeit ist, schon seit längerer Zeit, namentlich auf Grund der durch Roderich Zeiß gegebenen Anregungen, verfolgt und gegenwärtig auf eine solche Höhe der Lösung gebracht worden, daß man kaum noch einen Fortschritt für möglich erachten würde, wenn man nicht fürchten müßte, mit dieser Meinung, wie das auf allen Tätigkeitsgebieten der Werkstätte schon sich ereignet hat, durch einen neuen Fortschritt desavouiert zu werden. Auf die Einzelheiten dieser jetzt unter Dr. August Köhlers Leitung stehenden Abteilung (großer und

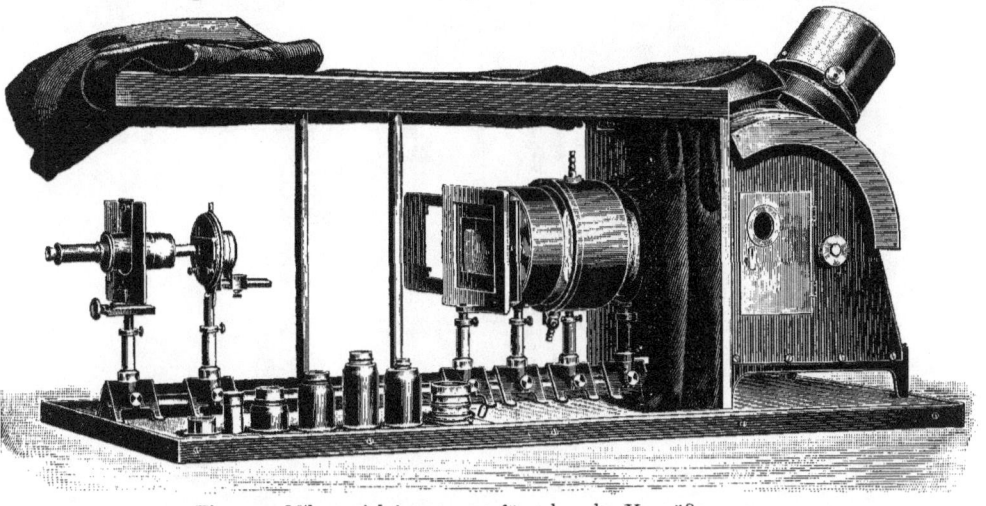

Fig. 20. Mikroprojektionsapparat für schwache Vergrößerungen.

kleiner, sowie „Doppelprojektionsapparat", Wechselvorrichtungen mit Drehung oder Verschiebung zum bequemeren Auswechseln der Diapositive u. s. w.) kann hier natürlich nicht eingegangen werden; nur zwei Punkte seien kurz erwähnt: erstens die Anpassung der Apparate an alle die zahlreichen Lichtquellen, die sich gegenwärtig um den Rang streiten, die schönsten Lichteffekte zu geben: Sonnenlicht, Kalklicht, elektrisches Bogenlicht u. s. w., und zweitens die Durchbildung der doppelten Aufgabe, einerseits durchsichtige, andererseits undurchsichtige Körper an die Wand zu projizieren, jene natürlich mit Hilfe von durchfallendem Lichte („diaskopisch"), diese mittels auffallenden und von ihnen zurückgeworfenen Lichtes („episkopisch"). Aus diesen Bestrebungen ist schließlich ein Apparat, das Epidiaskop (Fig. 21) hervorgegangen, das ohne irgendwelche Umstände auf beide Weisen benutzt werden kann, und dessen Projektionsleistungen durch die Schärfe und Plastik der Form, wie durch die Natürlichkeit der wiedergegebenen Farben jedem, der sie kennen gelernt hat, unauslöschlich in der Erinnerung bleiben werden (Fig. 22). Der etwas höhere Anschaffungspreis des Epidiaskops wird rasch eingebracht durch den Umstand, daß an Stelle kostspieliger und oft schwer zu beschaffender Diapositive hier beliebige Photos, Papierbilder, Zeichnungen, Buchillustrationen u. s. w. benutzt werden

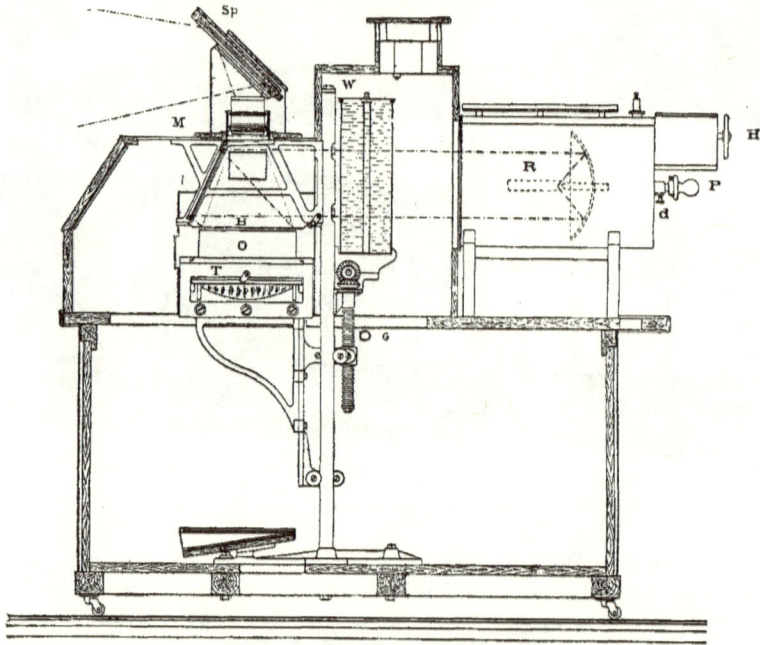

Fig. 21. Schema des Epidiaskops.

können. Infolgedessen findet der Apparat namentlich bei Vereinen, Instituten, Museen und ähnlichen Anstalten rasch steigende Verbreitung.

Was andererseits die **Apparate für Mikrophotographie** betrifft, so bestehen diese naturgemäß aus Beleuchtungsapparat, mikroskopischem System und Kamera, das Ganze entweder horizontal oder vertikal gerichtet; die „Horizontal-vertikal-Kamera" ist nach Belieben in beiden Richtungen benutzbar. Es erübrigt sich, über die verschiedenen größeren und kleineren Modelle (Fig. 23), sowie über die Verwendung zur Untersuchung anorganischer und organischer Objekte (Metallschliffe, Kristalle, kleinste Organismen u. s. w.) Näheres zu sagen; nur sei bemerkt, daß neuerdings auch das Epidiaskop, um ihm noch eine vielseitigere Verwendung zu geben, mit einer eigenen Einrichtung für Mikroprojektion ausge-

Fig. 22. Projektion der Hand mit dem Epidiaskop.

rüstet wird, allerdings nur für schwache und mittlere Vergrößerung (andere kommt auch selten in Frage), und ferner, daß für besondere Zwecke eine „Moment-Mikrophotographie" (z. B. für erhitzte Objekte, flüssige Kristalle u. s. w.) eingerichtet wurde, die ein gleichzeitiges Beobachten mit dem Auge ermöglicht.

Zum vollen Verständnis der Bedeutung der Mikrophotographie ist aber noch ein prinzipiell wichtiger Punkt auseinanderzusetzen.

Der Laie nämlich, der von der Mikrophotographie hört, wird als ihren Zweck naturgemäß nur den betrachten, das, was man im Mikroskop zu Gesicht bekommt, für die Dauer zu fixieren, um es sich, auch wenn das Objekt untergegangen ist, immer wieder anzusehen, um es vervielfältigen, versenden zu können u. s. w. Er wird an einen zweiten Zweck des Verfahrens nicht denken, der darin besteht, daß man auf der mikrophotographischen Platte Dinge zu sehen vermag, die man in einem, im übrigen genau ebenbürtigen Mikroskop gar nicht sieht. Und hiermit hat es folgende Bewandtnis. Wir haben schon beim Mikroskop gesehen, daß man in der modernen praktischen Optik mit der gewöhnlichen

Fig. 23. Mikrophotographischer Apparat.

Annahme, daß das Licht aus Strahlen besteht, nicht auskommt; man muß tiefer gehen und bedenken, daß diese Strahlen nur ein unter einfachen Verhältnissen vorgetäuschtes Gebilde sind, und daß es sich beim Licht in Wahrheit um Wellen handelt, Wellen von winziger Länge und von verschiedener Länge für die verschiedenen Lichtarten, die wir Farben nennen. Die Möglichkeit, Objekte immer stärker zu vergrößern und doch noch brauchbare Bilder zu erhalten, findet nun eine unübersteigliche Grenze da, wo die voneinander zu unterscheidenden Objektteile so klein werden, daß sie den entsprechenden Lichtwellen an Größe gleich werden und somit die letzteren infolge ihrer Beugung und Interferenz in Verwirrung geraten; je kleiner nun diese Wellen sind, desto kleinere Teile des abgebildeten Gegenstandes wird man offenbar noch unterscheiden können. Man kann sich dies sehr schön klar machen durch den Vergleich mit den „Rastern", jenen in quadratische Felder geteilten Glasplatten, die bei zahlreichen modernen Reproduktionsverfahren benutzt werden: je kleiner die Felder sind, desto feinere Einzelheiten des Gegenstandes kann man noch im Bilde wiedergeben. Es ergibt sich also die Konsequenz, mikroskopische Bilder mit Benutzung von Licht von möglichst kleiner Wellenlänge zu erzeugen. Man wird demgemäß schon mit blauem Licht weiter kommen als mit rotem; aber es gibt Lichtarten von noch beträchtlich kleinerer Wellenlänge als selbst die blauen und violetten Strah-

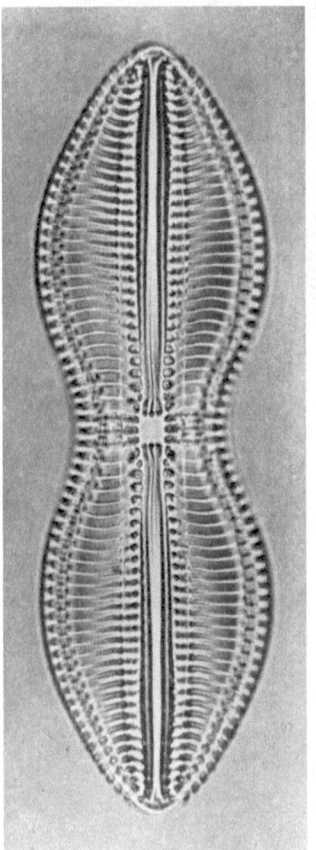

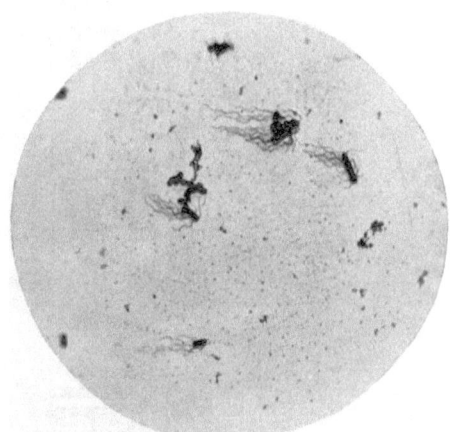

Fig. 24. Navicula carbo (500-fache Vergr.).   Fig. 25. Typhusbacillen (1000-fache Vergr.).

len: das sind die ultravioletten Strahlen, die auf das Auge keinen Eindruck mehr machen, wohl aber auf die photographische Platte. Auf diese Weise fixiert die letztere nicht nur unsere Wahrnehmungen, sondern sie stellt auch noch eine Erweiterung unserer Sinnesorgane dar.

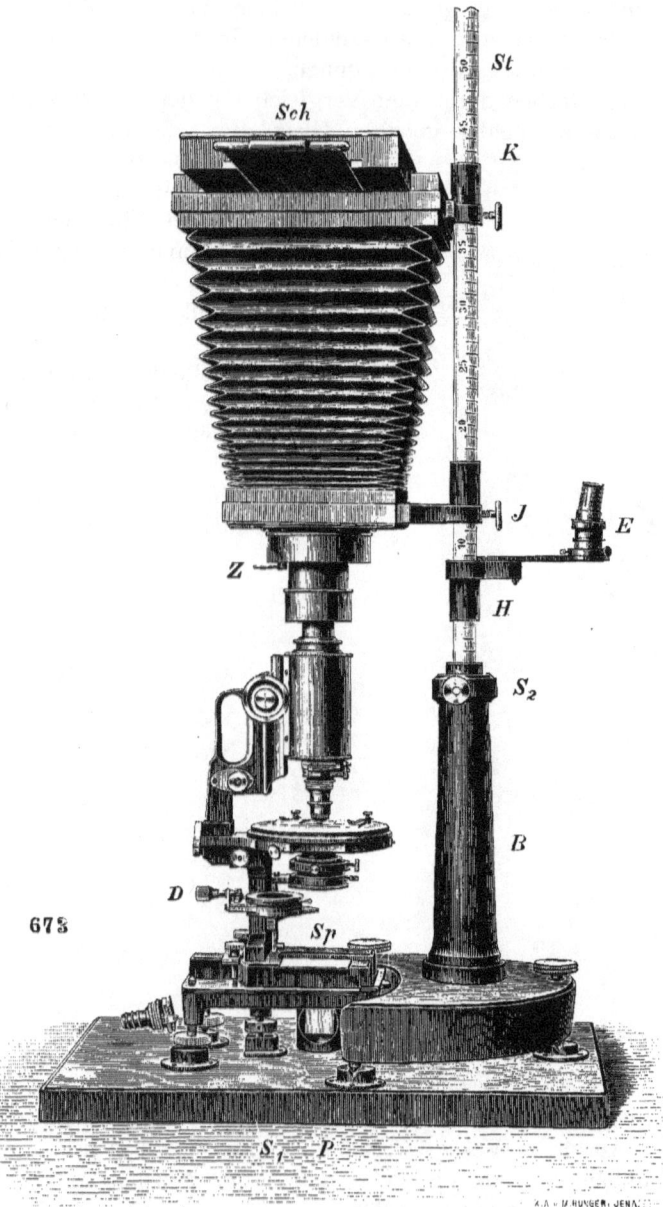

Fig. 26. Uviolmikroskop.

Diese Erwägungen haben zu eingehenden Studien Köhlers Anlaß gegeben und schließlich zur Ausbildung einer besonderen Technik für Mikrophotographie mit ultravioletten Strahlen, zur Konstruktion eines besonderen Uviolmikroskops, wie man abgekürzt sagen kann, geführt. Das Objektiv dieses Mikroskops ist der von Dr. v. Rohr berechnete, unter Beschränkung auf eine bestimmte Lichtart ausgezeichnet sphärisch korrigierte „Monochromat". Die Erweiterung der Abbildungsgrenzen ist immerhin recht bedeutend, man kann etwa doppelt soweit kommen als mit dem gewöhnlichen Licht. Daneben hat sich aber noch ein anderer Vorzug der Methode eingestellt: dem ultravioletten Lichte gegenüber erweisen sich viele Gegenstände in hohem Maße verschieden durchlässig, die sich im gewöhnlichen Lichte gar nicht differenzieren, hier aber scharf hervortreten; es wird also ein entsprechender Effekt erzielt wie bei der künstlichen Färbung der Farbstoffe, und es

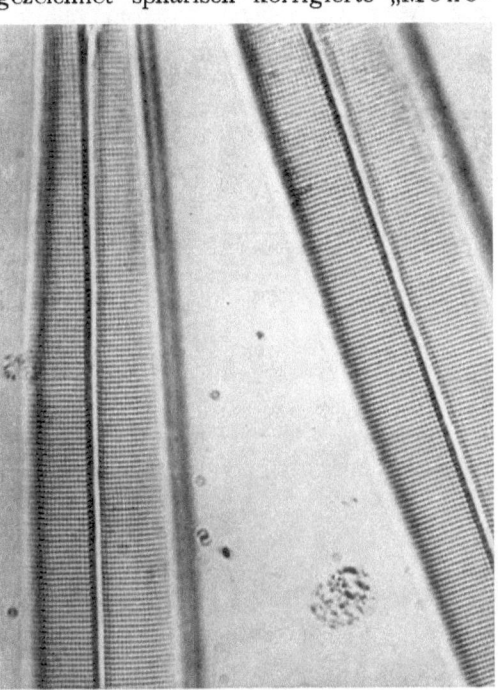

Fig. 27. Aufnahme von Amphipleura pellucida mit dem Monochromat.

werden zugleich die Nachteile dieser Färbung vermieden. Wie durch das Röntgenverfahren, werden also auch hier unverhofft unsichtbare Geheimnisse entschleiert. In der Tat wird das Verfahren in der kurzen Zeit seines Bestehens schon auf zahlreichen Gebieten angewandt; als Beispiel sei die Untersuchung der Zellen des Blutes und der Hartgewebe erwähnt. In Fig. 26 ist das Uviolmikroskop, in Fig. 27 eine Aufnahme von Amphipleura pellucida in ursprünglich 1800-, in der jetzigen Wiedergabe 2700-facher Vergrößerung wiedergegeben.

Mit dem Uviolmikroskop ist ein gänzlich wesensverschiedener Apparat, das Ultramikroskop, nicht zu verwechseln. Dieser, auf Anregung und unter Mitwirkung von Zsigmondy von Siedentopf konstruierte Apparat kommt natürlich über die von Helmholtz und Abbe erwiesenen Grenzen mikroskopischer Vergrößerung nicht hinaus, geht aber doch in gewisser Hinsicht sehr viel weiter,

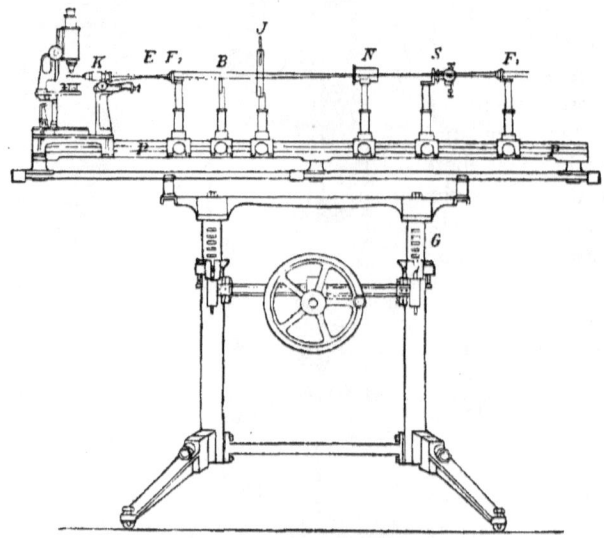

Fig. 28. Ultramikroskop.

indem er auf die Abbildung der winzigen Objekte, um die es sich handelt, verzichtet und sich damit begnügt, sie sichtbar zu machen. Was man sieht, sind nämlich nicht eigentlich die Körperchen selbst, sondern ihre Beugungsscheibchen; und daß man diese sieht, wird erreicht durch ein eigentümliches, intensives und kontrastreiches Beleuchtungsverfahren, wie es ähnlich schon früher als Dunkelfeldbeleuchtung bekannt war und auch schon vor Zeiten Abbe selbst, wenn auch nur flüchtig, auf eine der nunmehr verwirklichten ähnliche Idee geführt hatte. Bei der jetzigen Methode erfolgt, wie die Fig. 28 erkennen läßt, die Beleuchtung von der Seite, und zwar durch ein ziemlich kompliziertes optisches System; jedoch kann darauf nicht näher eingegangen werden. Die Methode ist anwendbar auf Teilchen, deren lineare Dimensionen etwa zwischen 6 und 250 Millionstel Millimetern liegen. Seitdem dieses Ultramikroskop bekannt gegeben wurde, sind nur wenige Jahre vergangen, und doch hat es sich bereits ein weites Feld erobert, namentlich in den Händen der Chemiker, Biologen und Mediziner; als Beispiele seien, außer dem Gebiete der kolloidalen Lösungen, die den Anstoß zu der Erfindung gegeben haben, und von denen namentlich das kolloidale Gold interessante Untersuchungen gezeitigt hat, noch genannt die Salz- und Mineralfärbungen und die Biochemie der Netzhaut; auch sei auf die bezüglichen Schriften von Zsigmondy und Siedentopf hingewiesen; der letztere hat auch eine Zusammenstellung der Literatur geliefert, aus der ihre schon jetzt erstaunliche Ausdehnung hervorgeht. In Fig. 29 ist ein Ultramikroskop für kolloidale Lösungen dargestellt.

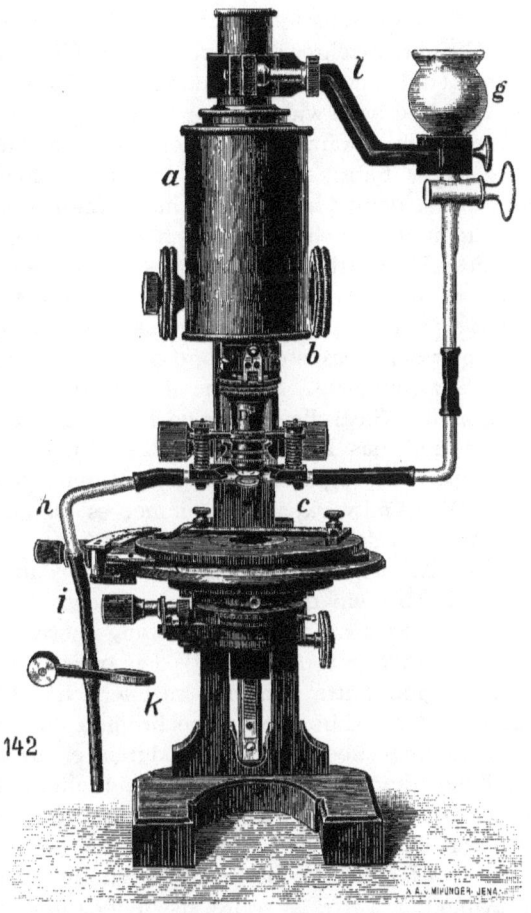

Fig. 29. Ultramikroskop für kolloidale Lösungen.

Die photographische Abteilung.

Als Abbe und Schott sich im Besitze der neuen Glasarten befanden, tauchte naturgemäß in ihnen der Wunsch auf, diese neuen Errungenschaften nicht der Mikroskopie allein, sondern auch den übrigen Zweigen der praktischen Optik zu gute kommen zu lassen. Und dieser Wunsch nahm sehr bald um so festere Gestalt an, als Abbe, wie wir sahen, gerade um diese Zeit die Notwendigkeit deutlich erkannte, sich von der schwankenden Chance, die ein einziger Fabrikationszweig bot, mehr unabhängig zu machen. So wurden denn photographische Aufgaben in Angriff genommen. Und man darf wohl sagen, daß es keinen günstigeren Zeitpunkt für diese Unternehmung hätte geben können; denn der Zeitpunkt, von dem wir sprechen, fällt etwa zusammen mit demjenigen, wo sich die photographische Kunst aus den Ateliers der berufsmäßigen Photographen herausbegab und sich zwei neue Stätten zu dauerndem Sitz eroberte, Stätten, in denen sie bisher nur immer gelegentlich Gastrollen gegeben hatte: das Laboratorium des Gelehrten und das Heim des Amateurs, mit beiden ganz besonders auch aus dem engen heimatlichen Raume herauswandernd in die weite Welt, mitwirkend, wo immer es Dinge gab, die wert (oder auch unwert) sein mochten, festgehalten zu werden.

Die Erreichung dieses Zieles wurde dadurch ermöglicht, daß P. Rudolph ein neues photographisches Objektiv schuf, das die bekannten Systeme in ihrer Leistung merklich übertraf. Rudolph war seit 1886 mit Abbe und der optischen Werkstätte in Verbindung und hatte zunächst rechnerische Hilfsarbeiten zur Einführung der Abbeschen Apochromate sowie Fernrohrobjektivberechnungen übernommen, wodurch er in die rechnerische Behandlung dioptrischer Aufgaben eingeführt wurde. Abbe hatte schon die Bedeutung der Aufgabe erkannt, ein System zu konstruieren, das, bei sphärischer Korrektion für eine größere Oeffnung, nach dem Rande des Bildes hin auch frei von Astigmatismus und Bildwölbung wäre; es sollte also jeder Punkt außerhalb der Achse wieder in einen Punkt abgebildet werden und nicht durch eine kreuzartige Figur, und ferner sollte Ebene in Ebene abgebildet werden. Daraufhin hatte Abbe die Anregung zur Konstruktion eines photographischen Systems (des Triplets) gegeben. Bei der Ausarbeitung dieses Planes kam aber Rudolph zu der Ueberzeugung, daß ein anderer Weg, nämlich ein zusammengesetztes Dublet, zu günstigerem Resultate führen müsse.

Bei der Berechnung dieses Systems konnte Rudolph nach Abbes Vorarbeiten sich die Freiheit gestatten, die Farbenfehler, mit deren Beseitigung man früher stets zu allererst begonnen hatte, zunächst ganz außer acht zu lassen und erst am Schlusse zuzusehen, ob man nicht auf Grund der gesteigerten Mannigfaltigkeit der zur Verfügung stehenden Glassorten auch diesen letzten Fehler beseitigen könne. Dieser Gedankengang hat sich als außerordentlich glücklich erwiesen.

Die neuen Objektive (1890), die zuerst den Namen **Anastigmat** erhielten, verwirklichen das Prinzip der „**gegensätzlichen Abstufung der Brechungsvermögen**" bei der Vorder- und Hinterlinse, d. h. die Vorderlinse besteht aus schwächer brechendem

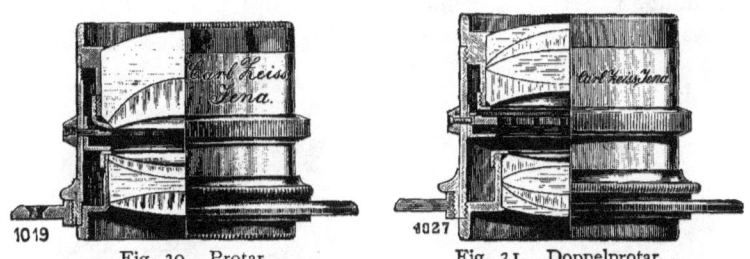

Fig. 30. Protar.   Fig. 31. Doppelprotar.

Kron- und höher brechendem Flintglas (also aus alten Gläsern) und bietet das Mittel zur sphärischen Korrektion, die hintere besteht aus hoch brechendem Kron und schwach brechendem Flint (also zum Teil jedenfalls aus neuen Gläsern) und gestattet die Herbeiführung der anastigmatischen Korrektion; beide zusammen endlich korrigieren durch ihr gegenseitiges Verhältnis die Gesamtheit der Fehler einschließlich der Farbenzerstreuung und der Bildwölbung.

Auf das Anastigmat-Dublet, das in den Formen 2+2-linsig und 2+3-linsig (Fig. 30) hergestellt wurde, folgte zunächst 1893 das dreilinsige, dann (1894) das vierlinsige anastigmatische Einzelobjektiv, welches gleichzeitig als Element zu anastigmatischen Doppelobjektiven (Fig. 31) und Objektivsätzen Verwendung findet. Der Anastigmat, der später (1900), um Verwechslungen mit Nachahmungen und ähnlichen Konstruktionen anderer Firmen zu verhüten, den neuen, gesetzlich geschützten Namen „**Protar**" erhielt — entsprechend: „Protarlinse, Doppelprotar, Protarsatz" —, hat sich bei den Photographen, namentlich den Amateuren, erstaunlich schnell und gut eingebürgert. Hat doch die Werkstätte im Verein mit ihren Lizenznehmern in einem Zeitraum von 16 Jahren über 200 000 Anastigmate nach allen Teilen der Welt geliefert!

In der weiteren Verfolgung seiner Arbeiten hat Rudolph alsdann mehrere Neuheiten geschaffen, die auf dem an guten Systemen gewiß nicht mehr armen Felde der photographischen Optik eine wesentliche Rolle spielen, und zwar teils als Spezialitäten für ganz bestimmte Zwecke, teils im Gegensatz hierzu und mit Rücksicht auf die Bedürfnisse des Amateurs, der nicht eine ganze Kollektion von Objektiven anschaffen kann, als „Mädchen für alles". Zunächst sei ganz kurz das „Unar" (1899) angeführt, das sich, seiner relativ einfachen Zusammensetzung entsprechend, durch einen billigen Preis auszeichnete (Fig. 32), jetzt aber zu Gunsten des Tessars (s. w. u.) aufgegeben ist.

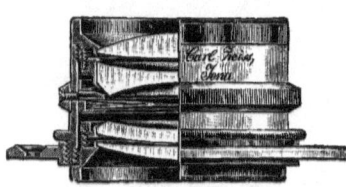

Fig. 32. Unar.

Fig. 33. Planar.

Speziellen Zwecken andererseits dient das „Planar" (1897); es ist ein Spezialobjektiv, das in seinen kürzeren Brennweiten zur Fixierung von Bewegungsmomenten, zu Vergrößerungen und starken Verkleinerungen, sowie für Projektion, in seinen längeren Brennweiten für alle Arten Reproduktionen (Autotypie und Strichmanier) unübertrefflich ist und auch für Einzelporträts und kleinere Gruppen empfohlen werden kann (Fig. 33).

Alle genannten Objektive aber treten gegenwärtig zurück gegen „das moderne Objektiv", das für alle Interessenten, die nicht ganz spezielle Zwecke verfolgen, also namentlich für die Amateure, in erster Reihe in Betracht kommt. Es ist das der von Rudolph berechnete Tessar (1902). Er bedeutet eine konstruktive Vereinfachung gegenüber dem Unar unter Steigerung von dessen Leistungen bezüglich Bildschärfe und Ebenung bei einem etwas kleineren Gesichtsfeld (Fig. 34). Zunächst wurde ein Tessar mit der Oeffnung 1:6,3 für Handkameras, Momentaufnahmen sowie Farbenaufnahmen und ein Apochromat-Tessar von der Oeffnung 1:10 für Reproduktionen eingeführt, denen später im Jahre 1907 noch eine Serie von der Oeffnung 1:3,5 und 1:4,5 hinzugefügt wurde.

Eine wichtige Rolle unter den speziellen Systemen spielen auch die Teleobjektive (Fig. 35) und die Teleansätze für Handkameras, die zu irdischen Aufnahmen aus größerer Entfernung und trotzdem in großem Maßstabe bestimmt sind. Erst 1906 gelang es P. Rudolph und E. Wandersleb, auch lichtstarke Fernobjektive und zwar nach einem neuen Konstruktionsplane zu berechnen, die für Porträts und zu Tierstudien geeignet sind. Mit einem Objektiv dieser Art von besonders langer Brennweite (800 mm) ist die Zeißfernkamera im Formate 9×12 ausgestattet, die speziell für Tieraufnahmen geeignet ist. Reproduktionssysteme für die verschiedenen photomechanischen Vervielfältigungsverfahren werden nach den Typen der Protare, Planare und Tessare ausgeführt.

Eine Broschüre, die dem Liebhaber die Auswahl unter den zahlreichen Objektiven, je

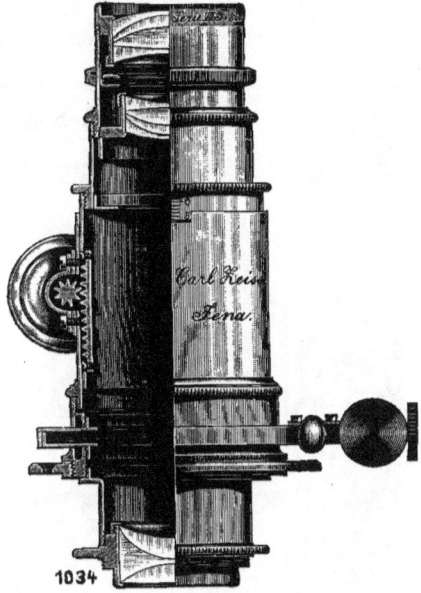

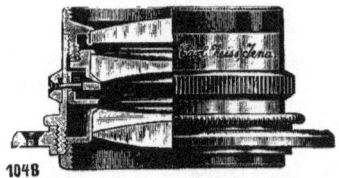

Fig. 34. Tessar. Fig. 35. Teleobjektiv.

nach den verfolgten Zwecken, erleichtern soll, ist, reich illustriert, neuerdings von Rudolph herausgegeben worden.

Endlich sei als Kuriosität und wegen seiner von allen übrigen Systemen abseits stehenden Konstruktion der „Anamorphot" erwähnt, dessen Aufgabe es ist, das, was man bei allen übrigen Systemen mühselig vermeidet, nämlich die Verzerrung der Bilder, gerade zu erreichen, freilich Verzerrung in einer bestimmt vorher gewählten Weise; er besteht demgemäß nicht allein aus sphärischen, sondern auch aus Zylinderlinsen und kann, abgesehen von der Herstellung komisch verzerrter Bilder, auch ernsthaften Zwecken dienen, z. B. der Ableitung neuer ornamentaler Gebilde aus vorhandenen Vorlagen durch verschiedenartige Ausdehnung in den beiden Dimensionen oder durch schiefe, statt der rechtwinkligen Anordnung (Fig. 36).

Wen die photographischen Systeme näher interessieren, der sei auf das auf eingehenden Studien beruhende, den Gegenstand erschöpfende Werk des früheren Mitarbeiters der Photo-Abteilung, jetzigen Theoretikers der Mikro-Abteilung, Moritz v. Rohr, „Theorie und Geschichte des photographischen Objektivs", hingewiesen.

Nachdem Rudolph zu einem vorläufigen Abschlusse in der Einführung neuer Objektivkonstruktionen gekommen war, stellte er sich auch in den Dienst der Aufgabe, neue Kamera-Modelle auf den Markt zu bringen, die die Vorzüge der lichtstarken Anastigmate voll auszunützen erlauben und zugleich für lange Jahre gebrauchssicher und zuverlässig sein sollten. Eine zu diesem Zwecke mit Zustimmung der Optischen Werkstätte gegründete Gesellschaft „Kamerawerk Palmos" löste sich bald wieder auf und ging, was den Jenaer Betrieb betrifft, 1902 in die Optische Werkstätte auf. Es handelt sich dabei lediglich um Handkameras und insbesondere um Metallkameras. Zur Zeit sind folgende Typen

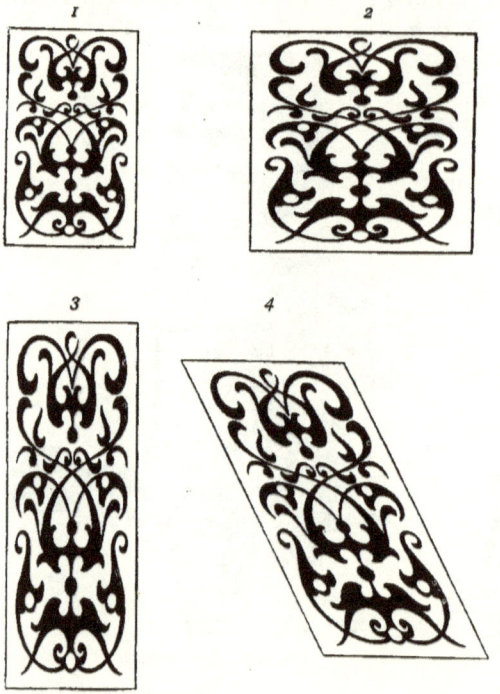

Fig. 36. Anamorphose. *1* Original, *2* in die Breite gezogen, *3* in die Länge gezogen, *4* schief verzerrt.

eingeführt: der Minimum-Palmos (mit Schlitzverschluß) in den Formaten 6×9, 6,5×9, 9×12 und 9×18 cm sowie 3¼×4¼ und 4×5 inches; der Stereo-Palmos 9×12 cm und 3¼×4¼ inches für Stereo-, Panorama- und Moment-Aufnahmen mit längerer Brennweite und der Universal-Palmos 9×12 cm, 3¼×4¼ und 4×5 inches. Diese drei Typen sind in den Fig. 37, 38 und 39 dargestellt. Endlich ist die „Zeiß-Packung" für Films zu nennen.

Fig. 37. Minimum-Palmos.

Fig. 38. Stereo-Palmos.

Das neueste Erzeugnis, dessen Besprechung hier anzuschließen ist, ist der nach Berechnungen von M. v. Rohr ausgeführte „Verant", deutlicher gesagt: ein Apparat zum richtigen Betrachten von Photographien. Es betrifft dies ein Thema, über das in den Kreisen selbst des gebildeten Publikums sehr unklare Vorstellungen herrschen.

Wenn wir die Dinge in der Natur plastisch, d. h. nicht bloß flächenhaft, sondern auch mit Tiefenausdehnung wahrnehmen, so verdanken wir das wesentlich dem Sehen mit zwei Augen. Allerdings hat die Erfahrung und Uebung zur Folge, daß wir auch mit einem Auge die Dinge im Raume uns räumlich vorstellen; aber dies ist, im Gegensatz zu jenem „physischen Plastisch-Sehen", ein „psychisches Plastisch-Sehen". Wenn wir nun eine bildliche Wiedergabe der Natur vor uns haben, so ist physisches Plastisch-Sehen ausgeschlossen und, solange wir beide Augen benutzen, auch psychisches; denn die flächenhafte physische Wahrnehmung

Fig. 39. Universal-Palmos.

läßt die psychischen Bemühungen nicht aufkommen; wir dürfen also nur mit einem Auge beobachten. Aber auch dieses eine Auge wird den psychischen Prozeß nur dann wachrufen, wenn es sich zu dem Bilde in der Lage befindet, von der die Aufnahme erfolgt ist. Daher das bekannte Verfahren geübter Gemäldebetrachter, das eine Auge zu schließen oder besser zu verdecken und vor das andere, bei geeignetem Abstande von dem Bilde, ein kurzes Rohr zu halten. Bei Photogrammen, die mit einer bestimmten Brennweite hergestellt sind, läßt sich nun offenbar diese richtige Betrachtung erzwingen durch ein gut verzeichnungsfreies Linsensystem (Verantlinse) nebst einem Gestell, an dem Bild und Linsensystem geeignet angebracht sind.

Dient somit der Verant im allgemeinen zur Bequemlichkeit, nämlich zur Ersparnis des mühseligen Aufsuchens des richtigen Standpunktes, so wird er bei kleinen Amateurbildern geradezu zur Notwendigkeit, da bei ihnen die Brennweite, also auch der zum Betrachten richtige Standpunkt so nahe ist, daß man mit unbewaffnetem Auge überhaupt nicht deutlich sehen kann. Geradezu überraschend aber ist die Wirkung des Veranten bei Aufnahmen, die einen der bekannten, vermeidlichen oder unvermeidlichen Fehler haben:

Fig. 40. Verantstereoskop.

Konvergenz der Vertikallinien, Mißverhältnis zwischen Vordergrund und Hintergrund u. s. w.; der Verant stellt in solchen Fällen die richtigen Verhältnisse wieder her.

Das entsprechende Problem für die binokulare Betrachtung von Stereoskopbildern wird durch den Doppelveranten gelöst. Besonders bequem in der Benutzung und zuverlässig im Gebrauch endlich ist das Verantstereoskop, das zur Betrachtung der Bilder des Stereo-Palmos 9 × 12 cm dient und in Fig. 40 wiedergegeben ist.

Im Anschlusse an die photographische Abteilung ist noch ein wissenschaftlich-technisches Problem zu erwähnen, das in weiten Kreisen höchstem Interesse begegnet: das Problem der Photographie in natürlichen Farben. Es sind hier bekanntlich zwei ganz verschiedene Verfahren zu unterscheiden: die Dreifarbenphotographie, die, in Analogie mit der gegenwärtig herrschenden Theorie des Sehens, alle möglichen, unendlich mannigfaltigen Farbennuancen aus drei Grundfarben abzuleiten sucht und demgemäß mit drei, schließlich sich übereinander lagernden, empfindlichen Farbschichten operiert; dieses Verfahren wird in der optischen Werkstätte zu Jena zwar auch mit großem Eifer verfolgt, es liegen aber noch keine abschließenden Ergebnisse vor. Weit höheres prinzipielles Interesse darf aber die andere Methode beanspruchen: auf einer und derselben Platte direkt alle im Original vorkommenden Farben wiederzugeben; daß das möglich ist, beruht auf der farbigen Interferenz der in der Schicht auftretenden stehenden Lichtwellen. Es haben nun zuerst Lippmann in Paris und Neuhaus in Berlin derartige Verfahren in der Photographie in natürlichen Farben ausgearbeitet und gewisse Erfolge erzielt. Dann hat H. Lehmann das Problem aufgenommen und in Verbindung mit Carl Zeiß in Jena weiter verfolgt. Dabei wurde auf Grund theoretischer Erwägungen eine neue Methode der Abstimmung in der Farbenempfindlichkeit der Platte eingeführt, und zwar anfänglich mit Benutzung geeigneter Filter, neuerdings durch besondere Präparation der Platte selbst; hierdurch wird eine höhere Sättigung der Farben, ein treueres Verhältnis zwischen Lichtern und Schatten und zugleich eine bessere Wiedergabe des Weiß erzielt. Ferner wurde die Empfindlichkeit der Platte überhaupt wesentlich gesteigert und damit die erforderliche Aufnahmezeit von mehreren Minuten auf einen Bruchteil einer solchen herabgedrückt. Auch die gesamte Zeitdauer des Prozesses vom Einlegen der Platte bis zum fertigen Bilde ließ sich auf 10 bis 15 Minuten abkürzen. Schließlich wurden neue, zweckmäßige Apparate zur Aufnahme sowie — unter Mitwirkung von Dr. Köhler — zur Betrachtung der Bilder konstruiert; ein solcher Betrachtungsapparat ist hier notwendig oder doch erwünscht, da die Interferenzfarben nicht, wie die Körperfarben, objektiven Charakters sind, sondern von der Sehrichtung abhängen. Als einen Nachteil des Verfahrens wird man es zunächst betrachten, daß sich keine Kopien anfertigen lassen; wenn man aber die durch Zartheit und künstlerische Eigenart ausgezeichneten Originale einmal zu sehen Gelegenheit hatte, wird man in diesem Umstande, der jedes Bild zu einem Unikum macht, gerade einen Vorteil erblicken.

Die Astro-Abteilung.

Im folgenden wollen wir uns die Freiheit nehmen, von dem historischen Gange der Entwickelung der Zeißschen Werkstätte abzuweichen, des Vorteils wegen, den wir dabei eintauschen: vom Einfacheren zum Komplizierteren fortzuschreiten. Einfacher sind aber, gegenüber den terrestrischen Fernrohren, die astronomischen, weil sie, ebenso wie die Mikroskope, sich den letzten Teil ihrer Aufgabe, nämlich die Wiederaufrichtung des doppelt verkehrten Bildes — oben ist mit unten, rechts mit links vertauscht — sparen und auch sparen dürfen: denn für den Mikroskopiker wie für den Astronomen macht es in fast allen Fällen wenig oder gar nichts aus, ob er die Dinge auf dem Kopfe stehen oder seitlich vertauscht sieht, einfach deshalb, weil die Dinge, die er anschaut, keinen Kopf und keine Seiten haben. Wenn wir also nachher zu den terrestrischen Instrumenten übergehen, werden wir uns im wesentlichen nur mit deren bildaufrichtenden Vorrichtungen zu beschäftigen haben.

Die astronomische Abteilung ist die jüngste der Jenaer Werkstätte. Zwar hatten die Erfolge des neuen Glases auf anderen Gebieten auch auf dieses die Aufmerksamkeit gelenkt; der Ausführung aber standen keine geringen prinzipiellen Schwierigkeiten im Wege. Zunächst ist zu beachten, daß die Fabrikation astronomischer Instrumente mit einem gewaltigen Risiko verknüpft ist. Denn ohne Anlagen im größten Stile ist gar nichts anzufangen; die Aufträge aber, die zu erledigen sind, sind naturgemäß an Zahl sehr klein und fallen nur durch die Größe jedes einzelnen ins Gewicht; handelt es sich doch bei großen Instrumenten oft um Hunderttausende. Auch ist beinahe jeder Auftrag individuell zu nehmen, so daß die Kalkulation schwierig und das Ganze trotzdem nicht selten verlustbringend ist; endlich gibt es bereits zwar wenige, aber in der Gunst der Käufer befestigte Werkstätten, und es ist daher auf Erfolg nur zu hoffen, wenn wirklich wesentlich besseres geliefert wird.

Nun ist ja die Gelegenheit, besseres zu leisten, gerade zur Zeit, von der hier die Rede ist, groß genug gewesen und ist es immer noch. Und zwar gilt das für den optischen Teil der Aufgabe ebenso wie für den mechanischen. Das aber setzt wiederum voraus, daß man sich geeignete Kräfte für diese Aufgaben zu verschaffen vermag; wiederum keine leichte Sache in einem so eng begrenzten Gebiete. Und zwar mußte die Arbeit auf vier Kräfte verteilt werden: den theoretischen und den praktischen Optiker, den Astronomen und den mechanischen Ingenieur. Die theoretischen Entwickelungen werden von Dr. Albert König bearbeitet. Was die praktische Optik betrifft, so gelang es im Jahre 1897 eine geeignete Kraft zu gewinnen, und zwar in der Person von Dr. Max Pauly, der, bis dahin auf einem ganz anderen Gebiete beruflich tätig, sich lediglich als Liebhaber, aus Interesse für die Sache, erfolgreich mit der Herstellung von Fernrohrlinsen befaßt hatte, nun aber seine bisherige Tätigkeit aufgab und, nach Jena übersiedelnd, die Leitung der neu begründeten Astro-Abteilung übernahm. Für den spezifisch astronomischen Teil der Aufgabe ist der Astronom Dr. Villiger, für den mechanischen Teil der Ingenieur Franz Meyer tätig.

Was nun zunächst die Optik betrifft, so wird die Werkstätte ganz besonders durch den glücklichen Umstand unterstützt, in der Schottschen Glashütte die Stätte in unmittelbarer Nähe

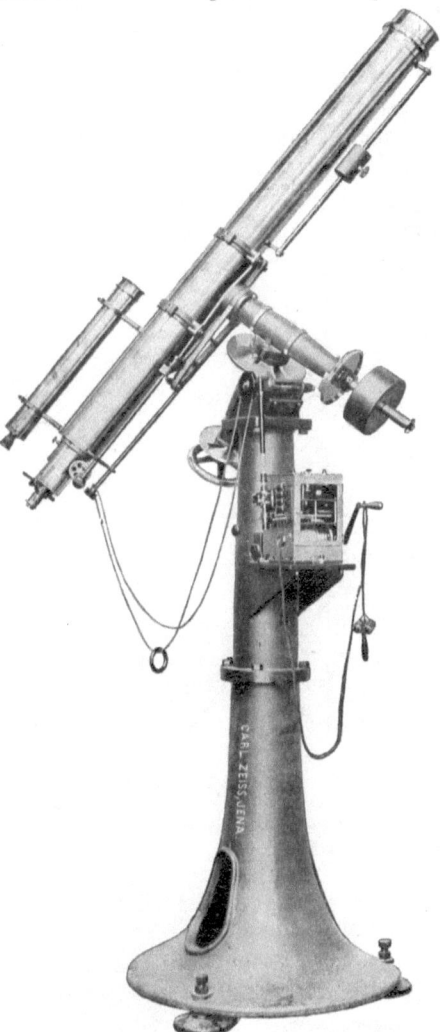

Fig. 41. Parallaktisch montierter Refraktor.

zu haben, in der das Rohmaterial zu Fernrohrlinsen von modernsten Riesendimensionen, wie es bisher aus Frankreich oder England bezogen werden mußte, nach einem in vielfacher Hinsicht verbesserten Verfahren schon seit einer Reihe von Jahren (auf verschiedenen Ausstellungen waren derartige Jenaer Riesenlinsen zu bewundern) fabriziert wird. In der Glashütte wird dem Rohmaterial bereits eine erste Formgebung zu teil, ein „Grobschleifen" und „Grobpolieren", so daß dann die Feinarbeit des mathematisch genauen Schliffes in des Zeißschen Werkstätte sogleich beginnen kann.

Die Zeißschen Fernrohrobjektive bedeuten in mehr als einer Hinsicht einen wesentlichen Fortschritt gegenüber dem bisherigen Stande der Dinge. Hatte man es ursprünglich in erster Reihe darauf abgesehen, das gerade bei astronomischen Beobachtungen überaus störende sekundäre Spektrum (siehe oben) zu beseitigen (vgl. Fig. 42), und mit ausgezeichnetem Erfolge zu beseitigen, so wurde später auch die chromatische Differenz der sphärischen Abweichung zum größten Teile eliminiert und damit ein lange erstrebtes Ziel erreicht: die gleichzeitige Beseitigung beider Fehler in demselben Objektiv.

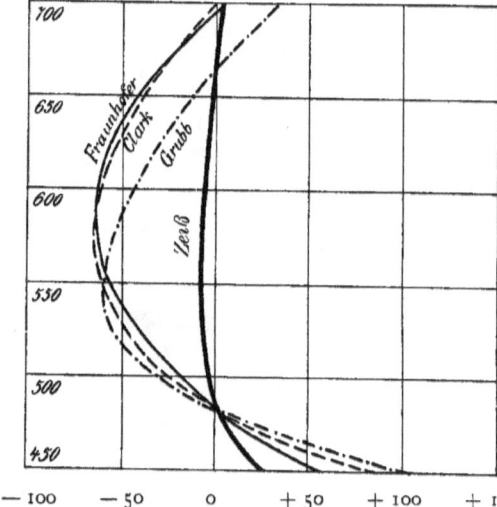

Fig. 42. Farbenabweichung. Die Senkrechte über dem Punkte O würde das ideale Objektiv darstellen: wie man sieht, kommt das Jenaer Objektiv diesem Ideal bei weitem am nächsten.

Ferner war man, infolge der Schmelzung von Glassorten, die eine gesteigerte Durchlässigkeit für ultraviolette — photographisch besonders wirksame — Strahlen (s. oben) besitzen, in der Lage, Fernrohrobjektive herzustellen, die in astrophotographischer Hinsicht einen epochemachenden Fortschritt bezeichnen. Um das einzusehen, braucht man nur von irgend einem feineren Himmelsobjekt zwei Photogramme, eines mit altem, das andere mit neuem

Fig. 43. Inneres der Montagehalle.

Objektiv aufgenommen, zu vergleichen: man sieht dann, wie viel reicher das Detail hier ist als dort.

Drittens endlich beginnt man einer fast vergessenen Art von Fernrohren, den Spiegelteleskopen, seit einiger Zeit erneutes Interesse entgegenzubringen. Natürlich kommt es hierbei darauf an, die Mängel zu beseitigen, die das Instrument seinerzeit verdrängt hatten. Auf dem Wege der Kombination von Linsen und Spiegeln sollte das durch eine von Schupman herrührende Idee, das „Medialfernrohr", geschehen, bei dem die Lichtstrahlen zuerst in einem einfachen Objektiv gebrochen und dann noch seitlich gespiegelt werden; eine Idee, die weder vom Urheber selbst, noch von der Firma Carl Zeiß, die sich unter Abbes eigener Führung lange damit beschäftigt hat, über die dabei auftretenden Schwierigkeiten hinweggehoben werden konnte, so daß sich die Sache im Sande verlief. Dagegen machen die Bemühungen, das alte Spiegelteleskop durch exaktesten parabolischen Schliff des Spiegels zu vervollkommnen, immer weitere Fortschritte; eine Aufgabe, deren heikle Natur man ahnen wird, wenn man hört, daß es sich hierbei darum handelt, von der Spiegelfläche Oberflächenschichten fortzunehmen, deren Dicke sich von Ort zu Ort ändert, und daß hierbei eine Genauigkeit erforderlich ist, bei der es noch auf kleine Bruchteile eines tausendstel Millimeters ankommt.

Auch die Montage, also die Herstellung des eigentlichen Fernrohrs, bietet Probleme in Fülle dar; eine nähere Untersuchung lehrt, daß es sich um die Erfüllung von nicht weniger als neun Bedingungen handelt, von denen einige wieder in mehrere zerfallen. Dazu gehört die Trennung des Führungssystems von dem Tragsystem, von denen jenes die optischen Teile trägt und die Einstellung leistet, während dieses zur Entlastung dient; die Beseitigung aller Durchbiegungen; größte Stabilität und doch freie Beweglichkeit aller Teile; möglichst geringe Bewegung des Okulars; leichte Erreichbarkeit der Nebenteile vom Okular aus; parallele Montierung mehrerer Rohre; Erzielung eines automatisch gleichförmigen Uhrantriebes; Verringerung der Kuppeldimensionen; Verringerung der optischen Hilfsmittel u. s. w. Es ist einleuchtend, daß es nicht möglich sein wird, alle diese Bedingungen gleichzeitig vollkommen zu erfüllen. Während man sich aber bisher damit beholfen hat, eine oder einige der Bedingungen auf Kosten der andern zu befriedigen, besteht der in der Jenaer Werkstätte erzielte Fortschritt darin, daß alle Bedingungen gleichmäßig, wenn auch natürlich nur angenähert erfüllt werden. In diesem Sinne stellt die von Ingenieur Meyer sehr sinnreich er-

Fig. 44. Fernrohr für die Urania in Zürich.

wogene und sorgfältig ausgeführte parallaktische Fernrohrmontierung mit äquatorialem Entlastungssystem der Stunden- und Deklinations-Achse einen bedeutsamen Fortschritt der astronomischen Mechanik dar, der, zusammengehalten mit dem elektrischem Gewichtsaufzug für den Antrieb der Stundenbewegung nebst Friktions-Federregulator und Sekundenkontrolle sowie mit den schon erwähnten optischen Verbesserungen, dem astronomischen Beobachter ein Werkzeug von noch vor kurzem ungeahnter Vollkommenheit zur Verfügung stellt.

Im Jahre 1899 konnte bereits das erste, seitdem stark erweiterte Verzeichnis lieferbarer astronomischer Objektive, sei es aus

Fig. 45. Montierhalle mit auseinandergezogenem Dach, vorn eine Schutzrohrkuppel.

alten oder Jenaer Gläsern, sei es zum direkten Beobachten mit dem Auge, sei es zum Photographieren, nebst passenden Okularen und Zubehörteilen, herausgegeben werden. Im Jahre 1902 ist dann der erste Katalog über die Fernrohre selbst — die Montierungen — gefolgt; die dritte, weit reichhaltigere Ausgabe nebst gesondertem Prospekt über die Meyerschen Montierungen ist 1906 erschienen.

Welche Dimensionen die Astro-Abteilung bei Carl Zeiß gegenwärtig angenommen hat, wird man aus der Angabe ersehen, daß, von den Fabrikräumen ganz abgesehen, drei besondere Bauten eigens für diese Zwecke errichtet wurden: eine Montierhalle von neuartiger Konstruktion (z. B. mit abfahrbarem Dache, unterirdischen Messungs- und Prüfungsräumen), in deren Inneres die Fig. 43 und 44 einen Einblick gewähren, während man auf der Außenansicht, Fig. 45, vorn noch ein kleines Gebäude, eine sog. Schutzrohrkuppel von 4 Meter Innendurchmesser erblickt, die trotz dieser Kleinheit infolge ihrer Bauart einem größeren Instrumente Platz bietet; und drittens oben auf dem Plateau des staubfreien Forstberges, 150 m über dem Saaletale, ein Observatorium zum Prüfen der Objektive unter besten Bedingungen. Das für dieses Observatorium bestimmte, mit Sucher und besonderem photographischen Rohr ausgestattete Versuchsinstrument ist im Innern der Montierhalle, in der es sich zur Zeit dieser photographischen Aufnahme noch befand, auf Fig. 43 zu sehen, ebenso auf Fig. 44 das an die Urania in Zürich gelieferte Instrument; beide lassen das Meyersche Entlastungs-, Reguliersystem, sowie die Antriebsvorrichtung deutlich erkennen.

Fig. 46. Spiegelteleskop.

So ist denn die Zeißsche Werkstätte auch auf diesem Gebiete

in der Lage, jede Konkurrenz aufzunehmen und Instrumente von beliebiger Größe und vollkommenster Qualität, einschließlich all der Nebenteile und des gesamten Kuppelbaus, herzustellen. Als Beispiele bereits erfolgter Lieferungen seien angeführt: die Urania-Sternwarte in Zürich, das Spiegelteleskop für photographische Zwecke in Heidelberg, die Instrumente, mit denen die Hamburger Expedition die Sonnenfinsternis in Tunis beobachtete (die in Zentralasien ist leider an der Witterung gescheitert), und ein großer

Fig. 47. Objektivprisma der Kap-Sternwarte.

Auftrag für Argentinien. In Fig. 46 ist eines der neuesten Spiegelteleskope, das sich durch seinen mächtigen und gedrungenen Bau auszeichnet, dargestellt; in Fig. 47 ein Objektivprisma für teleskopische Spektralaufnahmen. Neben diesen großen Instrumenten geht natürlich der Bau zahlreicher kleiner, auch für Liebhaberzwecke, einher.

Die Erdfernrohr-Abteilung.

Wenn wir nun zu den Fernrohren für irdische Zwecke übergehen, so betreten wir wieder ein Gebiet, auf dem es Jena beschieden war, mit einer verblüffenden Neuheit auf dem, wie es hier scheinen mochte, bereits gesättigten und tatsächlich seit längerer Zeit fast stagnierenden Markte zu erscheinen; zugleich aber ein Gebiet, dem ein besonders großer Kreis von Interessenten gesichert ist, da es sich um Feldstecher, Operngläser, Aussichtsfernrohre u. s. w. handelt, also um Dinge, welche, wenn sie auch in gewissen Spezialformen sich an fachliche Kreise wenden, doch in ihren normalen Typen jedermann zu gute kommen. Um die Bedeutung des genannten, im Jahre 1893 von Jena ausgegangenen Fortschritts auf diesem Gebiete zu verstehen, müssen wir ein klein wenig weiter ausholen.

Von irdischen Gegenständen will man Bilder in richtiger Orientierung sehen, d. h. Bilder, die aufrecht stehen und bei denen auch links und rechts ihre gehörige Lage haben. Um dies zu erreichen, kann man zwei Wege einschlagen: einen direkten und naheliegenden, nämlich von vornherein ein aufrechtes Bild zu erzeugen; oder einen indirekten, nämlich ein astronomisches Fernrohr zu nehmen und das von ihm gelieferte umgekehrte Bild nachträglich aufzurichten. Den ersteren Gedanken verwirklicht das holländische oder Galileische Fernrohr, den letzteren das sog. terrestrische oder Erdfernrohr; und jedes von ihnen hat die aus seiner Konstruktion sich ergebenden Vorzüge. Das Galileische besteht nur aus Objektiv (Konvexlinse) und Okular (Konkavlinse), ist dabei von einfacher Konstruktion und insbesondere von geringer Länge und geringem Gewicht; es hat aber Abbildungsmängel (insonderheit eine geringe Ausdehnung des noch dazu ungleichmäßig hellen Gesichtsfeldes), die nicht stark ins Gewicht fallen und auch an sich gering sind, wenn es sich um schwache Vergrößerungen ($1^1/_2$- bis 3-fach) handelt, die aber mit steigender Vergrößerung in rapidem Maße wachsen. In der Tat sind diese Instrumente nur für ganz schwache Vergrößerung, nämlich als Operngläser, Feldstecher u. s. w. in Benutzung. Das terrestrische Fernrohr andererseits hat jene Abbildungsmängel nicht, es gibt gleichmäßige Helligkeit über das ganze große Bild bis zum Rande hin, gute Zeichnung u. s. w., aber es bedarf nun eben eines bildaufrichtenden Linsensystems; dieses beansprucht seinerseits, resp. für den Strahlengang, Platz, außerdem wird dadurch mehr Platz gebraucht, daß die Okularbrennweite zur Objektivbrennweite hinzuaddiert wird, während sie beim Galileischen subtrahiert wird, und dadurch wird das Instrument nun unvermeidlich lang und schwer, und zwar gerade desto länger, je geringer die Vergrößerung sein soll. Tatsächlich ist dieser Typus nur für starke Vergrößerungen, bei welchen eine etwas größere Länge ohnehin nicht so viel ausmacht, in Gebrauch, bis etwa hinunter zu 12-facher Vergrößerung; für schwächere würde das Rohr so lang werden, daß von Handlichkeit gar nicht mehr die Rede sein könnte.

Hier war also eine empfindliche Lücke vorhanden, und es entstand die Frage: kann man nicht Instrumente vom terrestrischen, also bildaufrichtenden Typus bauen, die bei 4- bis 12-facher Ver-

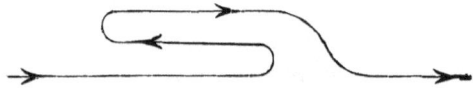

Fig. 48. Durch Umbiegen zusammengeschobener Draht.

größerung doch kurz gehalten werden können? Da die Lichtstrahlen sich den unter den gegebenen Umständen erforderlichen Weg nun einmal nicht abschneiden lassen, scheint das aufgestellte Problem auf den ersten Blick unlösbar; und doch braucht man nur ein einfaches Gleichnis anzuwenden, um die Lösbarkeit, zunächst wenigstens die in Gedanken, einzusehen. Müssen bei einem Draht von 1 m Länge die beiden Enden notwendig 1 m voneinander abstehen? Offenbar nicht; denn man kann doch den Draht zwischen den

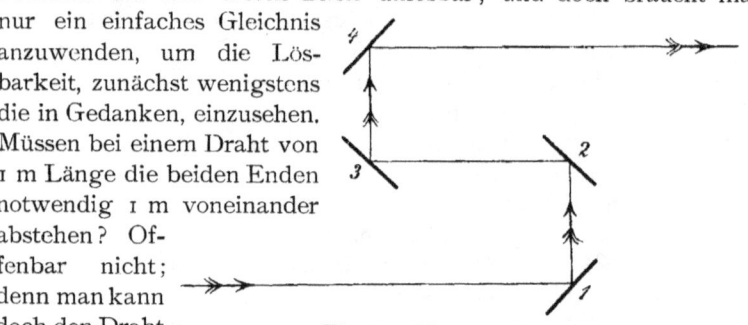

Fig. 49. Viermalige Spiegelung.

Enden beliebig umbiegen, z. B. ein Stück weit wieder vollständig zurückführen und dann erst wieder hinführen; man kann dabei, wie die Zeichnung (Fig. 48) lehrt, sogar erreichen, daß das letzte Stück des Drahtes wieder die Fortsetzung des ersten Stückes bildet. Und nun die Uebersetzung des Gleichnisses ins Optische: man muß die Bildaufrichtung, statt durch Linsen, durch Spiegelflächen bewerkstelligen, also nicht durch Brechung, wobei das Licht immer nur vorwärts geht, sondern durch Reflexion (Fig. 49), wobei es dann stellenweise rückwärts verläuft: für die bilderzeugende Wirkung von Objektiv und Okular addieren sich alle Wegteile, ob sie vorwärts oder rückwärts verlaufen; für die Länge des Instruments, das man erhält, subtrahieren sie sich aber.

Spinnt man diesen Gedanken fort, so findet man, daß die Reflexion an gewöhnlichen Spiegeln, d. h. in Glas an einer Metallschicht, für die Praxis nicht brauchbar ist, daß man vielmehr Prismen anwenden muß, in welche der Lichtstrahl zunächst eindringt, um dann an der Hinterfläche in Glas an Luft reflektiert zu werden und schließlich durch die untere Fläche wieder herauszutreten; man findet ferner, daß man, um das Bild in beiden Hinsichten wieder aufzurichten, so daß links wieder links und rechts wieder rechts, oben wieder oben und unten wieder unten wird,

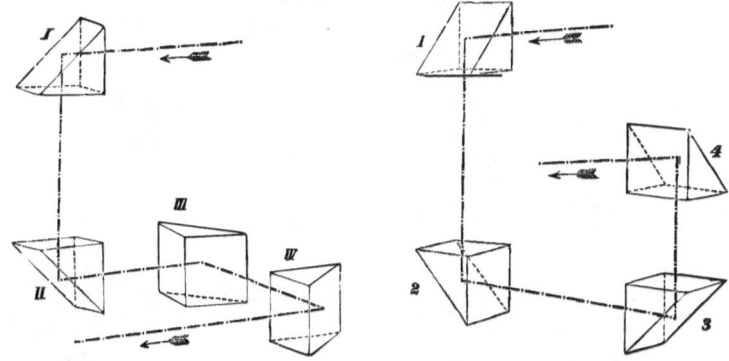

Fig. 50. Strahlengang in den Porroschen Prismen.

und um den Strahl, nachdem er diesen Prozeß durchgemacht hat, wieder in die alte Richtung zu bringen, vier derartige Prismen braucht. Zwei solche Prismenkombinationen, die den gestellten Anforderungen genügen, sind, zugleich mit dem Gang der Strahlen, in der beistehenden Figur 50 veranschaulicht[1]).

Wie man sieht, hat der austretende Strahl zwar die Richtung des eintretenden, aber er bildet nicht dessen Fortsetzung, er ist seitlich verschoben, das Fernrohr wird unsymmetrisch, und man wird zunächst erklären, daß die Lösung des Problems eine unvollkommene sei. Glücklicherweise erweist unsere Prismenkombination in dieser Hinsicht einen mephistophelischen Charakter,

---

[1]) Interessant ist, daß Abbe schon Mitte der 70er Jahre, also lange vor der Veröffentlichung, solche Prismen, sowie ein mit ihnen ausgerüstetes Fernrohr herstellen ließ.

indem sie, das Böse wollend, eben dadurch das Gute schafft; und es wird nicht viele Beispiele in der Geschichte der Erfindungen geben, wo ein anfänglicher Mangel einer neuen Konstruktion schließlich eine ebenso unerwartete wie wertvolle Konsequenz gehabt hat.

Eigentlich müßte es nicht heißen „eine Konsequenz", sondern „zwei Konsequenzen", beide von ganz verschiedener Art, jede für sich aber höchst merkwürdig. Die eine von ihnen zeigt sich schon bei monokularen Instrumenten und besteht darin, daß man mit einem solchen Instrument sozusagen „um die Ecke sehen" kann, und zwar infolge der erwähnten seitlichen Verschiebung des Strahles. Bei Anwendung eines zusammenhängenden Prismensatzes ist diese Verschiebung allerdings sehr klein, man kann sie

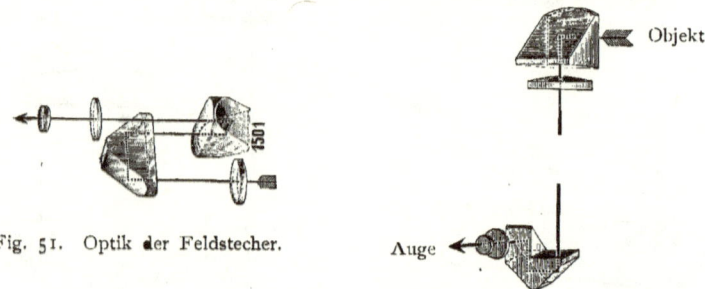

Fig. 51. Optik der Feldstecher.

Fig. 52. Optik der Relief-Fernrohre. Sehen „um die Ecke".

aber beliebig vergrößern, wenn man die einzelnen Prismen absichtlich auseinanderschiebt und sieht dann an der Hand der beistehenden Skizzen (Fig. 51 und 52), sowie der ausgeführten Abbildung des Instruments (s. weiter unten) ein, wie es jetzt möglich ist, mit einem solchen Fernglase z. B. über eine Mauer hinwegzusehen, ein Vorteil, der sich offenbar in allen Fällen, wo der Benutzer des Glases Grund hat, in gedeckter Stellung zu sein, geltend machen wird.

Von der größten Bedeutung sind zunächst die Zielfernrohre für Gewehre und Geschütze. Die gewöhnlichen Zielvorrichtungen stellen bekanntlich an den Schützen die unmöglich zu erfüllende Anforderung, drei Dinge (Visier, Korn und Gegenstand) gleichzeitig deutlich zu sehen; die Zielfernrohre, die das ermöglichen, stellen einen bedeutsamen Fortschritt dar und werden sich zweifellos rasch alle Armeen und Marinen erobern. Was zunächst ihre Mechanik betrifft, so ist hier natürlich besonderes Gewicht zu legen auf große Festigkeit und Widerstandsfähigkeit gegen alle jene Störungen, die unter freiem Himmel und im Kriegsgebrauche unvermeidlich sind; auch dürfen sie an die Handhabung keine größeren Anforderungen stellen, als sie der einfache Soldat, Jäger u. s. w. und selbst der Höherstehende unter außer-

Fig. 53. Zielfernrohr für Gewehre.

gewöhnlichen Verhältnissen der Lage und Stimmung erfüllen kann. In optischer Hinsicht andererseits sind, je nach den Umständen, sehr verschiedene Bedingungen zu erfüllen, was durch eine Reihe besonderer Typen geschieht. Die Gewehrzielfernrohre der Firma Carl Zeiß sind die einzigen, die erlauben, das Okular so tief zu legen, daß derselbe Anschlag wie beim Zielen über Kimme und Korn erhalten bleibt; eine Ansicht im Gebrauche gibt die Fig. 53.

Fig. 54. Doppelblick-Zielfernrohr.

Fig. 55. Rückblick-Zielfernrohr.

Was sodann die Geschützfernrohre betrifft, so gibt es direkte und indirekte. Beim Schießen aus verdeckter Stellung sowie bei schlechter Sichtbarkeit des Zieles muß nämlich das Geschütz nach sogenannten Hilfszielen, die gewöhnlich seitlich oder rückwärts gewählt werden, eingerichtet werden. Zu diesem Zwecke ist das Zielfernrohr auf einen in horizontaler Ebene drehbaren Teilkreis aufgesetzt; und der Einblick erfolgt entweder von oben, wie beim Haubitz-Zielfernrohr, oder es wird bei geradem Einblick durch Drehen des Objektivprismas um 180 Grad nach hinten visiert, wie beim Doppelblick-Zielfernrohr (Fig. 54), oder endlich, es wird, bei ebenfalls geradem Einblick, das Fernrohr mit einem vorklappbaren Prisma ausgerüstet, wodurch je nach der Stellung des Prismas schräg nach links oder rechts visiert wird: Rückblick-Zielfernrohr (Fig. 55). Dazu kommt dann noch der Bussolen-Richtkreis zum Zwecke der Uebertragung der Richtung von einem Beobachtungsposten nach dem Geschütz (Fig. 56).

Für Schiffsgeschütze dienen die Scharten-Zielfernrohre, d. h. besonders lange Zielfernrohre mit schwacher Vergrößerung und großem Gesichtswinkel, deren Objektiv sich nahe einer möglichst klein zu haltenden Scharte befindet, so daß die Scharte, obwohl der Kanonier seinen Platz in größerer Entfernung davon hat, das Gesichtsfeld nicht beschränkt. Mehr zur Beobachtung als zum Zielen dienen gewisse Apparate, von denen noch die Rede sein wird, sowie — speziell für Unterseeboote — das Periskop.

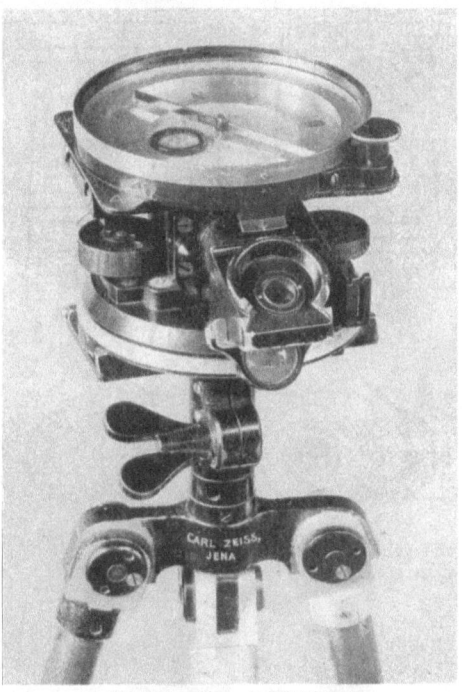

Fig. 56. Bussolen-Richtkreis.

Schließlich sei bemerkt, daß auch auf den Rücklauf des Geschützes Rücksicht genommen ist, besonders bei dem Prismen-Zielfernrohr mit seitlichem Einblick, das dem Richtkanonier erlaubt, seinen Platz unverändert zu behalten.

Bei einem binokularen Instrument, also einem Feldstecher, tritt aber noch eine andere, eben jene zweitgedachte Konsequenz ein. Bei einem solchen Glase wird man nämlich, schon aus ästhetischen Gründen, die beiden Hälften so anordnen, daß die seitliche Verschiebung der von außen kommenden Lichtstrahlen nicht nach derselben, sondern nach entgegengesetzten Seiten erfolgt, z. B. in der durch die Skizze (Fig. 57) angedeuteten Weise beide

Male nach innen. Dann haben die beiden Objektive einen größeren Abstand voneinander als die Okulare; und wenn man sich erinnert, daß auf dem Sehen mit beiden Augen und insbesondere auf dem Umstand, daß man mit jedem Auge die Außenwelt von einem etwas anderen Standpunkt ansieht, der Tiefeneindruck, die Plastik der Bilder beruht, die man wahrnimmt (vgl. oben S. 55), so versteht man, daß man durch ein derartiges Instrument, bei dessen Benutzung man gewissermaßen viel weiter abstehende Augen hat, eine entsprechend erhöhte Plastik der Bilder gewinnen wird.

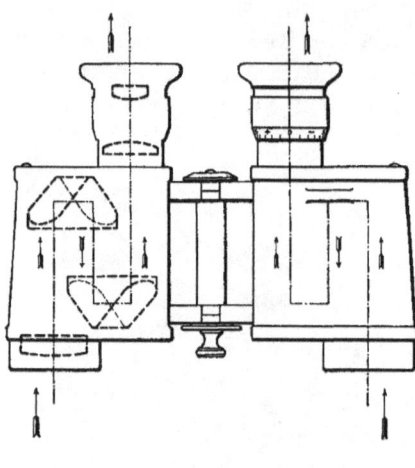

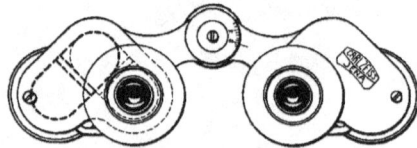

Fig. 57. Feldstecher, schematisch, von vorn und von oben. (Die Prismen und Linsen sind stark gestrichelt.)

Fig. 58. Feldstecher; äußere Ansicht eines fertigen Instruments.

Diese Konsequenz, die sich, wie gesagt, fast von selbst ergeben hat, ist nun in der Zeißschen Werkstätte in den verschiedensten Graden ausgenutzt worden: bei den sogen. Zeiß-Feldstechern (Fig. 57 u. 58) für Reise-, Jagd- und Marinezwecke, sowie für Theater und Konzert in mäßigen Grenzen (Objektivabstand knapp das Doppelte des Okularabstandes, also auch ungefähr doppelte Plastik), bei den Relieffernrohren (Fig. 59 bis 61) in größerem Maßstabe (5—10-facher Objektivabstand und entsprechende Plastik); die letzteren heißen auch Scherenfernrohre, weil die beiden Schenkel sich drehen und zusammengeklappt oder auseinandergespreizt benutzen lassen; im ersteren Falle für Beobachtung hinter einer Deckung, im letzteren

Falle für erhöhte Plastik; besonders zweckmäßig wird in vielen Fällen die Benutzung in Diagonalstellung (je unter 45 Grad nach beiden Seiten) sein, und es ist für diesen Zweck neuerdings ein besonderer Typus geschaffen worden, der „Hyploplast" (Fig 62). Die Zeiß-Feldstecher werden mit 3—12-facher Vergrößerung her-

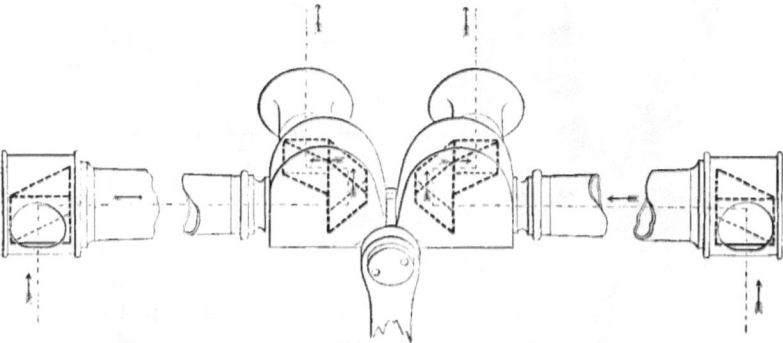

Fig. 59. Relieffernrohr, schematisch. (Die Prismen sind stark gestrichelt.)

gestellt, und man braucht sie nur mit einem Krimstecher älterer Konstruktion von starker Vergrößerung zusammenzustellen, um sich zu überzeugen, in welchem Maße sie jene an Handlichkeit und Größe des Gesichtsfeldes übertreffen, ein Vergleich, bei dem noch zu beachten ist, daß bei den Zeißschen Feldstechern die

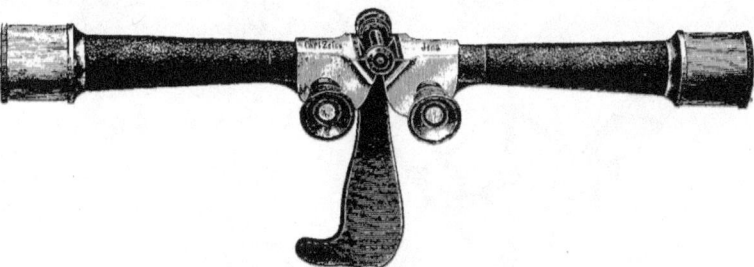

Fig. 60. Relieffernrohr, ausgestreckt. (Größte Plastik.)

wahre Vergrößerung angegeben wird, eine in der bisherigen Praxis dieses Gebietes fast beispiellose Aufrichtigkeit. Ferner zeichnen sich alle diese Instrumente dadurch aus, daß jedes der beiden Okulare für sich dem Zustande des betreffenden Auges entsprechend eingestellt werden kann (bekanntlich haben die meisten Menschen zwei verschiedene Augen); sowie dadurch, daß der Abstand der

Fig. 61. Relieffernrohr, zusammengeklappt. (Beobachtung hinter einer Deckung.)

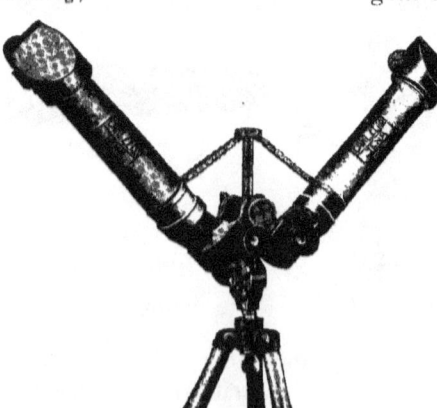

Fig. 62. Hypoplast.

beiden Okulare veränderlich ist und somit dem wirklichen Augenabstande des Beobachters genau angepaßt werden kann. Alle diese Einstellungen sind durch Skalen gekennzeichnet, so daß der Besitzer sich nur die drei für ihn charakteristischen Zahlen zu merken braucht, um das aus irgend einem Grunde verstellte Instrument wieder einzustellen. Uebrigens wird jedem Glase ein sinnreich-einfacher, aber genügend genauer „Augenabstandmesser" (von 50 bis 80 mm reichend) beigegeben. Ein anderer Augenabstandmesser feineren Charakters dient den Zwecken von Spezialisten, namentlich der Augenärzte. Was für ein Bedürfnis das vorliegende Instrument geworden ist und wie schnell es sich allgemeine Beliebtheit erworben hat, geht aus der Tatsache hervor, daß alljährlich (abgesehen von Lizenznehmern und Nachahmern) etwa 20 000 Stück hergestellt und verkauft werden.

Ueber 12-fache Vergrößerung hinaus werden die Instrumente unhandlich; sie machen hier den Standfernrohren Platz, die sowohl monokular (Fig. 63) als binokular (Fig. 64 u. 65) in verschiedenen Größen und Formen (neuester und einfachster Typ, bequem mitzunehmen, „Schutzhütte", Fig. 66) geliefert werden und deren prächtige Wirkung man jetzt bereits an zahlreichen Aussichtspunkten

Fig. 63. Monokulares Standfernrohr.

zu bewundern Gelegenheit hat, so auf dem Uetli, der Schynigen Platte, der Station Eigerwand, dem Gornergrat u. s. w. Die binokularen Instrumente sind zum Teil so eingerichtet, daß sie je nach Wunsch von einem Beschauer mit beiden Augen oder von zwei Beschauern gleichzeitig je mit einem Auge benutzt werden können. Es ist anzunehmen, daß sich diese Verwendung des Aussichtsfernrohres,

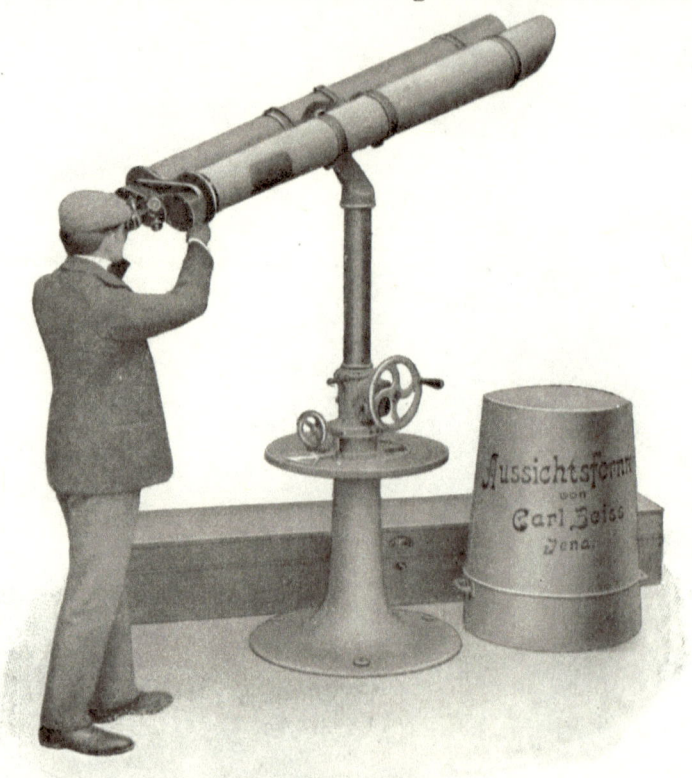

Fig. 64. Binokulares Standfernrohr.

dessen Kosten durch den Betrieb an vielbesuchten Ausflugsorten sehr rasch gedeckt werden, mit der Zeit noch erheblich steigern wird.

Die Erdfernrohr-Abteilung steht unter der Oberleitung Dr. Albert Königs, dem für speziell militärische Zwecke Oberleutnant zur See a. D. Braun und Hauptmann Forstmann zur Seite stehen.

Zum Schlusse dieses Abschnitts sei eine Bemerkung gemacht, welche zeigt, in wie eigener Weise sich häufig Erfinderideen entwickeln. Denn von den beiden Ideen, welche den Wert des Zeiß-Feldstechers ausmachen, der prismatischen Bildaufrichtung und der gesteigerten Plastik durch Auseinanderrückung der Objektive, ist keine zum ersten Male in Jena aufgetaucht. Die besprochene Prismenkombination war schon Jahrzehnte vorher von dem italienischen Ingenieur Porro ersonnen worden, was sich freilich erst bei der patentamtlichen Prüfung der Zeißschen Konstruktion herausstellte; und das Prinzip der gesteigerten Plastik rührt von keinem Geringeren als Helmholtz her, der darauf sein „Tele-

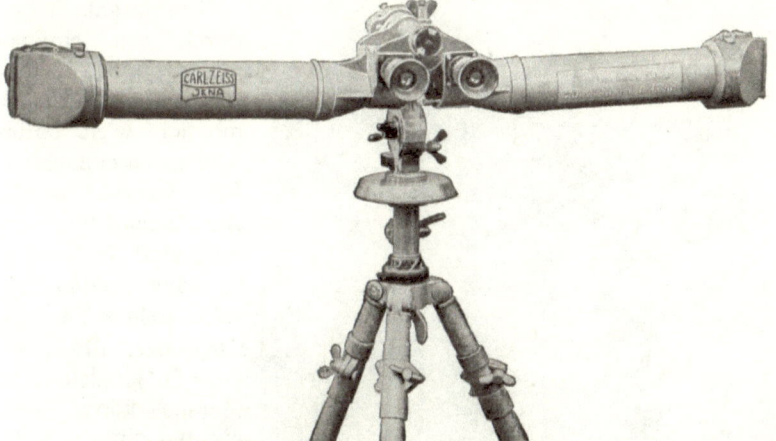

Fig. 65. Binokulares Standfernrohr für Aussichtszwecke, mit weit (1—1^1/$_2$ m) abstehenden Objektiven (an den Enden hinten, nicht sichtbar).

stereoskop" gründete. Aber weder die Porrosche noch die Helmholtzsche Erfindung gewannen eine praktische Bedeutung, weil keiner für sich eine genügende praktische Bedeutung zukommt. Diese liegt vielmehr in der Kombination der einen Idee mit der anderen, in der Realisierung eines Helmholtzschen Telestereoskops durch Porrosche Prismen, und diese Kombination ausgeführt zu haben, ist das unbestreitbare Verdienst der Zeißschen Werkstätte.

Von besonderem Interesse, und zwar hinsichtlich der Wichtigkeit der Aufgabe, der Vortrefflichkeit ihrer Lösung und des interessanten Prinzips, auf dem diese Lösung beruht, ist der Zeißsche, durch eine Idee von de Grousillier angeregte Entfernungsmesser (Fig. 67 u. 68). Das Problem, die Entfernung eines Punktes in der Landschaft vom Auge des Beschauers zu bestimmen, ohne sich vom Fleck zu rühren, hat von jeher berufene und unberufene Köpfe gereizt, sich mit ihm zu beschäftigen; und es dürfte wenige Worte geben, die sich in der Patentliste jahraus jahrein so oft wiederholen, wie das Wort „Entfernungsmesser". Das Charakteristische des von Carl Zeiß vor einigen Jahren herausgebrachten ist, daß er auf dem Sehen mit beiden Augen, also auf der Tiefenplastik beruht, und zwar, wie man sofort erraten wird, auf der durch vergrößerten Objektivabstand gesteigerten Tiefenplastik, wodurch eine einigermaßen genaue Tiefenmessung natürlich erst möglich wird. Man denke sich einfach ein Relieffernrohr stärkster Auseinandersperrung und denke sich in seine beiden Gesichtsfelder Skalen eingesetzt, die nach einer Originalskala so photographiert sind, wie man einen Gegenstand zum Einsetzen in ein Stereoskop zweimal photographiert, nämlich von zwei verschiedenen Standpunkten aus; die Skala macht infolgedessen den Eindruck, sich von Ziffer zu Ziffer mehr und mehr in die Tiefe der Landschaft hinein zu verlieren (Fig. 69). Mit anderen Worten: die Skala nimmt, obgleich auf einer Fläche befindlich, infolge der Art ihrer Herstellung an der Tiefenplastik der Landschaft teil; und wenn man z. B. von einem Kirchturm wissen will, wie weit er vom Auge entfernt ist, braucht man sich nur diejenigen Ziffern der Skala herauszusuchen, welche ihm in der Tiefenrichtung am nächsten liegen, die eine etwas weiter vorn, die andere etwas weiter hinten: man erhält dann jene

Fig. 66. Aussichtsfernrohr „Schutzhütte".

Entfernung im ganzen und, durch Schätzung, noch in Bruchteilen. Man kann sich kaum eine Vorstellung davon machen, wie bequem, ja man kann sagen, wie amüsant das Messen mit dem Apparat ist: man hat gewissermaßen eine graduierte Landschaft vor sich und braucht nur abzulesen. Wie genau man messen kann, das hängt vom Objektivabstand und der Vergrößerung ab; bei dem kleinen Entfernungsmesser (Fig. 68, Basis 0,5 m, Vergr. 8fach) kann man

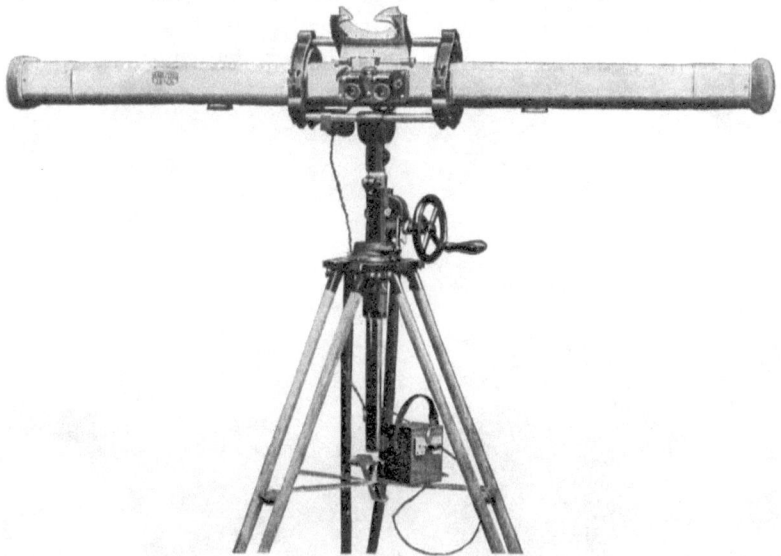

Fig. 67. Großes binokulares Telemeter.

bei 500 m Abstand den Fehler unter 10 m, bei 1000 m unter 40 m halten; bei dem großen (Fig. 67, Basis 1,5 m, Vergr. 23fach) beträgt der Fehler bei 1000 m nur 4—5 m, bei 3000 m ungefähr 40 m; wie man sieht, wird der Fehler, auch verhältnismäßig, immer größer, je größer die Entfernung wird.

Fig. 68. Kleines binokulares Telemeter.

Es unterliegt keinem Zweifel, daß der binokulare Entfernungsmesser allen anderen Konstruktionen weit überlegen ist, und er wäre ein geradezu ideales Instrument, wenn er nicht die Fähigkeit, plastisch zu sehen, und damit erstens das Vorhandensein zweier gesunder und annähernd gleich guter Augen und zweitens die zugehörige Begabung und Uebung voraussetzte; eine Voraussetzung, die aber glücklicherweise bei der großen Mehrzahl der Menschen erfüllt ist.

Immerhin erschien es wünschenswert, neben dem binokularen auch einen monokularen Entfernungsmesser (Fig. 70) auszuarbeiten, und das ist in den letzten Jahren in der Jenaer Werkstätte geschehen, mit dem Erfolge, daß jetzt drei verschiedene Typen, jeder für bestimmte Zwecke von vorteilhafter Benutzung, vorliegen. Bei dem ersten, dem Koinzidenz-Telemeter, erscheint das Gesichtsfeld durch eine horizontale Linie in zwei Hälften getrennt; die Gegen-

Fig. 69. Landschaft mit Entfernungsskala (mittels Stereoskop zu betrachten).

stände erscheinen in der Mitte geknickt, nämlich die untere Hälfte gegen die obere verschoben; nur für diejenigen Objekte, die sich in einer bestimmten Entfernung befinden, setzen sich die beiden Teilbilder in richtiger Weise ineinander fort; diese Entfernung läßt sich durch optische Mittel in ablesbarer Weise variieren. Aehnlich liegen die Verhältnisse beim zweiten Typus, dem Invert-Telemeter; nur ist hier das eine der Teilbilder umgekehrt, und das Kriterium der Einstellung besteht darin, daß entsprechende Punkte der beiden Spiegelbilder einander an der Trennungslinie berühren. Beim dritten Typus, dem Symmetrie-Telemeter, steht die Trennungsebene vertikal und die Einstellung besteht darin, daß die beiden rechts und links liegenden Teilbilder — in einem von ihnen ist rechts und links der Wirklichkeit gegenüber vertauscht — in gleichen Abstand von der Trennungsebene gebracht werden. Endlich giebt es noch ein Telemeter mit vertikaler Basis, das für hohe Küsten und Berge bestimmt ist und auf einer Winkelmessung beruht.

Hält man das, was zuerst über den stereoskopischen und alsdann über den monokularen Entfernungsmesser gesagt wurde, zusammen, so muß man zugeben, daß die Bedürfnisse, die von

Fig. 70. Monokularer Entfernungsmesser.

militärischer, nautischer, geographischer Seite u. s. w. auf diesem Gebiete seit langem empfunden worden sind, nunmehr nach jeder Richtung hin Befriedigung gefunden haben.

Die Messabteilung.

Alle bisher betrachteten Erzeugnisse von Zeiß, mit Ausnahme des letzten, dienten dem Sehen schlechthin, sei es nun dem Sehen direkt mit dem Auge, sei es auf der photographischen Platte. Wir kommen jetzt zu den Instrumenten, deren Aufgabe es ist, zu messen. Zum Teil handelt es sich hier um streng wissenschaftliche Apparate, zum anderen aber um Messungen, die im praktischen Leben eine wichtige Rolle spielen. Die Mannigfaltigkeit der Zeißschen Erzeugnisse in dieser Abteilung ist so groß, daß wir uns ganz kurz fassen müssen und nur bei wenigen besonders interessanten Stücken verweilen können.

Hervorgegangen ist die Abteilung — die seit ihrem Bestehen unter der Leitung von Dr. Carl Pulfrich steht, während Dr. Löwe als Assistent fungiert — aus dem Bedürfnis, diejenigen Größen zu messen, welche für die eigene Fabrikation von Wichtigkeit waren; also Dicken von Glasplatten, Winkel von Prismen, Brechungsvermögen von Glassorten und Kristallen, Krümmungen und Brennweiten von Linsen u. a. m.; und zwar handelte es sich darum, alle diese Größen mit derjenigen Genauigkeit zu messen, wie die Präzision, von der wir wissen, daß sie für die ganze Fabrikation in Jena wesentlich ist, erforderte. Man wird sich eine Vorstellung von der Schwierigkeit dieser Aufgaben machen, wenn man hört, daß es hier nicht selten auf tausendstel Millimeter oder gar Bruchteile hiervon,

Fig. 71. Abbescher Dickenmesser.

auf tausendstel Winkelgrade, auf fünfte und sechste Dezimalstellen der betreffenden Zahlen ankommt. Nachdem dann einmal Jahre und Kosten auf die Herstellung solcher Meßapparate verwandt waren und die eigene große Erfahrung in ihrem Gebrauche wertvolle Winke für ihre praktische Ausgestaltung gegeben hatte, ergab es sich von selbst, diesen Aufwand fruchtbar zu machen, indem man auch an andere verkaufte, die auf diese Weise vielfach Apparate in die Hand bekamen, wie sie gleich präzis und praktisch bis dahin noch nicht gebaut worden waren. Uebrigens wird auch außerhalb der Meßabteilung vielfach in gleichem Sinne gearbeitet, namentlich sind der Anregung von Abbe wichtige Spezialapparate zu verdanken.

Da sind zunächst von Apparaten, die Längen messen (von den schon behandelten Telemetern abgesehen), zu nennen: der Abbesche Dickenmesser (Fig. 71) und Komparator, das Sphärometer zur Bestimmung von Krümmungsradien, das Fokometer zur Messung von Brennweiten, das Abbesche Dilatometer zur Messung winziger Längen- und Dickenänderungen, z.B. infolge von Temperatur-, Druck- oder Ortsschwankungen, ein Apparat, der sich in verschiedenen Ausgestaltungen ein weites Feld feinwissenschaftlicher Untersuchung erobert hat; der Baumdickenmesser und die neueren, für technische Zwecke gebauten Koordinaten- und Kapillaren-Meßmikroskope.

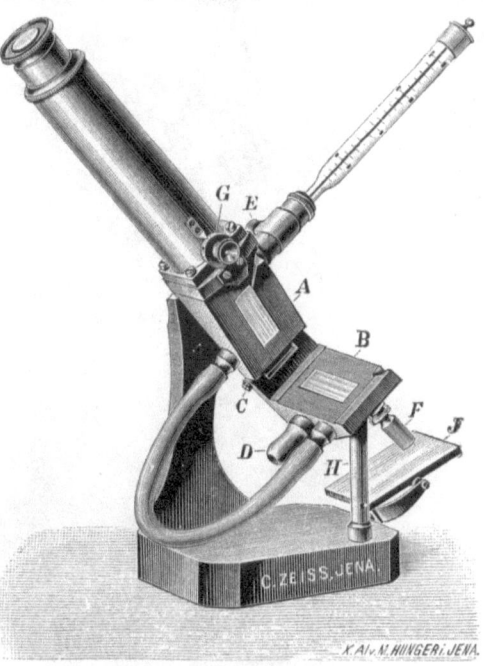

Fig. 72. Butterrefraktometer.

Eine zweite Gruppe bilden diejenigen Apparate, bei denen Winkelmessungen wesentlich sind; hierher gehören namentlich die verschiedenen Spektrometer und Refraktometer zur quantitativen Untersuchung der Brechung und Farbenzerstreuung von festen Körpern — speziell auch von Kristallen —, Flüssigkeiten und Gasen; Instrumente, teils von kompliziertem Bau für feinste wissenschaftliche Zwecke, teils zu schnellem und handlichem Gebrauche in der täglichen Praxis, wie sie sich in optischen, chemisch-technischen Laboratorien, in Kliniken und Nahrungsmittelämtern in ausgedehntem Gebrauche befinden; beispielsweise seien der Butter- und der Milchprüfer, das Eintauch-Refraktometer und das

Gasrefraktometer für technisch wichtige Gase genannt (Fig. 72 u. 73).
Endlich die Interferometer aller Art, auf die hier nicht näher eingegangen werden kann, sowie die noch in der Entwickelung begriffenen geodätischen Instrumente, wie Theodolit, Tachymeter u. s. w.
Für die Ausrüstung dieser Instrumente dient die von der Astro-Abteilung hierfür besonders ausgearbeitete sog. geodätische Optik.

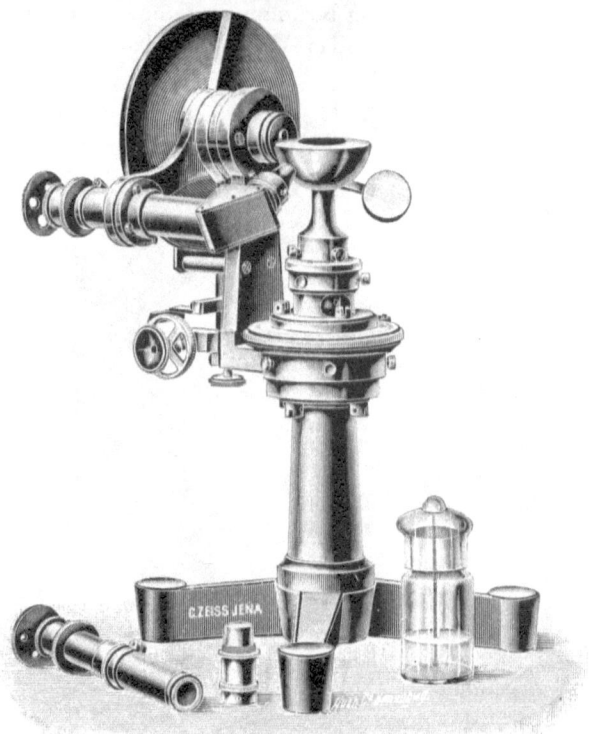

Fig. 73. Kristallrefraktometer nach Abbe.

Eine dritte Gruppe endlich bilden die Spektroskope und Spektrographen für ultrarotes, gewöhnliches (sichtbares) und ultraviolettes Licht, neue Spektralphotometer, Farbenmisch-Apparate und Kolorimeter, Blutserum-Hämometer u. a. m.

Dazu kommen dann noch Spezialapparate, die eine Sonderstellung einnehmen und zum Teil auf Anregung und in Verbindung mit Gelehrten, die sich mit Arbeiten der betreffenden Art befassen, gebaut worden sind und gebaut werden, wie der Auerbachsche Härteapparat, das Meßmikroskop für das Brinellsche Kugeldruckverfahren, der Siedentopfsche Apparat zur Festlegung der ungespannten Faser deformierter Körper, ein für die Schiffahrt besonders wichtiges Instrument, der Kimmtiefenmesser und vieles andere.

In den letzten sieben Jahren hat sich die Meßabteilung, auf Grund von planmäßig durchgeführten Studien ihres Leiters, einem neuen Gebiete zugewandt, der stereoskopischen Beobachtung und Messung. Jedermann kennt das Stereoskop, jenen Apparat zum plastischen Anschauen von Bilderpaaren, deren Hälften von etwas verschiedenen Standpunkten aufgenommene Bilder desselben räumlichen Gegenstandes sind. Sehr vollkommen sind diese Apparate meist nicht, und es sei hier vorweggenommen, daß bei Zeiß weit bessere Modelle angefertigt werden; namentlich sei auf das kleine Zeißsche Stereoskop hingewiesen, das in Fig. 74 abgebildet ist, und bei dessen Bezug man einige für

Fig. 74. Stereoskop mit Vorrichtung zur Demonstration des stereoskopischen Meßverfahrens.

die stereoskopische Betrachtung besonders interessante Bilder mitbekommt. Für besondere Zwecke und noch höhere Ansprüche dient dann ein großes Modell, mit anderen Verhältnissen und gewaltiger Tiefenperspektive der Bilder.

Das „Wunderkind" der Abteilung aber ist der Stereo-Komparator (Fig. 75), gewissermaßen ein Stereoskop, das vermöge des mächtig vergrößerten Abstandes der Aufnahmeorte und weiten Objektivabstandes die hineingelegten Bilder zu einem Ganzen von so gewaltiger Tiefenplastik zu vereinigen erlaubt, daß man mit Hilfe der in den Mikroskopen angebrachten sog. „wandernden Marke" exakte Messungen an den abgebildeten Objekten vornehmen kann. Diese Marke erfüllt den gleichen Zweck wie der für die Landmessung benötigte Träger der Meßlatte. Sie leistet sogar noch mehr als jener, weil man die Marke auch auf solche Punkte der auszumessenden Gegenstände einstellen kann, die für eine direkte Berührung nicht oder nur schwer zugänglich sind. Man braucht nur, während man hineinschaut, eine von links nach rechts und von oben nach unten verschiebbare Spitze an jeder Stelle so einzustellen, daß sie das Objekt eben zu berühren scheint. Offenbar bietet sich hier eine Fülle von Anwendungen dar, besonders

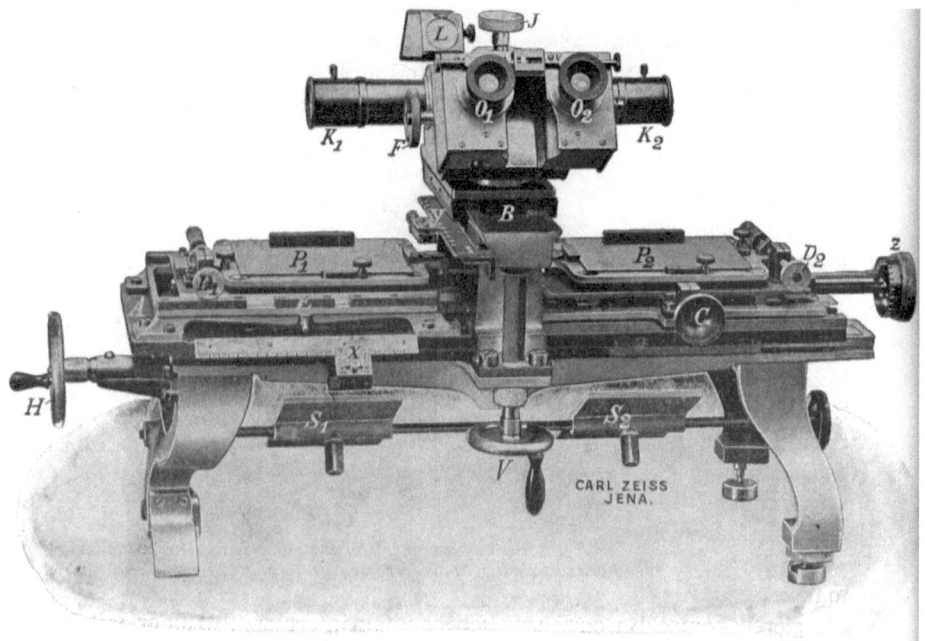

Fig. 75. Stereo-Komparator, Modell D, für Topographen, Architekten und Ingenieure.

zur Ausmessung solcher Objekte, die man nicht direkt ausmessen kann, sei es, daß sie nicht zugänglich, oder zu heikel oder zu veränderlich sind, oder daß man sich nicht lange genug bei ihnen aufhalten kann, oder daß die günstigen Zeiten zu ihrer Beobachtung knapp bemessen sind. So kann man physikalische und andere Formen, Organismen und Organe, labile Formationen u. s. w. bequem ausmessen, indem man stereoskopische Moment- oder Zeitaufnahmen von ihnen macht; anderseits kann man auch feine Unterschiede zwischen angeblich gleichen oder zwischen sehr ähnlichen Gegenständen feststellen oder sehen, ob sich ein und dasselbe Objekt in der Zeit zwischen den beiden Aufnahmen verändert hat. Die beiden Gebiete, auf denen der Stereo-Komparator sofort die größten Erfolge erzielt hat, sind die Astronomie und die Topographie.

Was die Astronomie betrifft, so spielt hier, wie man weiß, die Photographie schon lange eine wichtige Rolle; jetzt kam nun die Stereo-Photographie hinzu. Die Standlinie für die beiden Aufnahmen wird hier natürlich dadurch gewonnen, daß man zwischen ihnen eine gewisse Zeit vergehen läßt. Man erhält

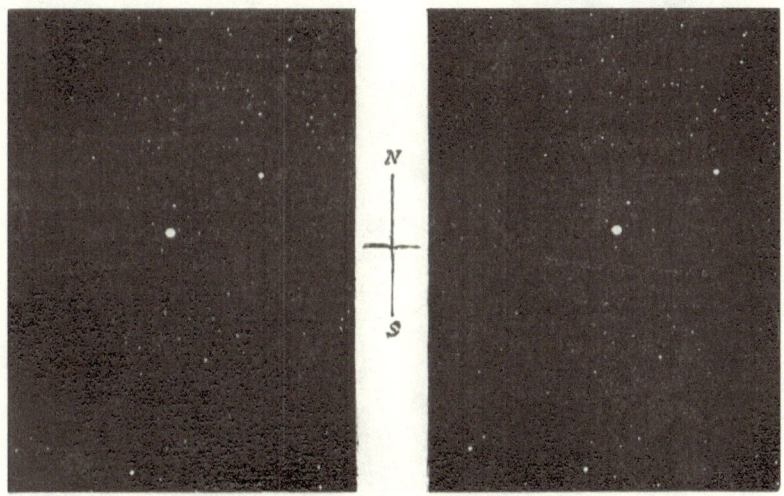

Fig. 76. Stereoskopbild des Saturn.

so z. B. vom Monde ein so stark tiefenplastisches Bild, daß man Messungen seiner Erhebungen und Senkungen (Berge und Täler) ausführen kann, deren Genauigkeit erstaunlich ist. Macht man Sterngruppenaufnahmen und befindet sich darunter ein Planet, so sieht man diesen weit vor den Fixsternen im Weltenraum schweben (Fig. 76). Ebenso werden neue Kometen, veränderliche Sterne, Plattenfehler u. dergl. als solche im stereoskopischen Sehen sofort erkannt. Einer der ersten auf diese Weise aufgefundenen neuen Planeten — es kommen natürlich nur noch kleine in Frage — erhielt den Namen „Stereoskopia".

Ganz neuerdings ist freilich für die meisten astronomischen Zwecke, nämlich überall da, wo es sich um Bewegungen und Veränderungen himmlischer Objekte handelt, das stereoskopische Verfahren in den Hintergrund gedrängt worden durch ein anderes, ebenfalls von Pulfrich eingeführtes Verfahren, das auf der Ausrüstung des Stereo-Komparators mit einem monokularen Vergleichsmikroskop beruht. In dem Okulare dieses „Blink-Mikroskops" lösen sich die beiden Bilder der auf dem Komparator liegenden Sternplatte in rascher Aufeinanderfolge ab; hierbei wird man das Bild im allgemeinen in Ruhe finden, mit Ausnahme der Punkte, die sich zwischen den beiden Aufnahmen verändert haben; ein Planet wird sich z. B. aus den Fixsternen durch ein periodisches Hin- und Herspringen herausheben, und ein veränderlicher oder neuer Stern wird nach Art der Blinkfeuer am Meere plötzlich aufleuchten und wieder verschwinden. Da nun das Auge für jede Unruhe außerordentlich empfänglich ist, hat man hier ein ebenso einfaches wie leistungsfähiges Instrument zur Verfügung, das noch die feinsten Vorgänge bezw. Veränderungen am Himmel ohne besondere Anstrengung festzustellen erlaubt.

Fig. 77. Phototheodolit für Terrainaufnahmen.

Um so festeren Fuß hat das eigentliche stereo-komparatorische Verfahren in der Topographie gefaßt. Von der Königl. Preuß. Landesaufnahme ist das Verfahren sofort aufgenommen und findet jetzt bei der Vermessung von Deutsch-Südwestafrika Verwendung. In ausgedehntem Maße ist es auch bei dem Militärgeographischen Institute in Wien zur Vermessung der österreichischen Alpenländer und anderswo im Gebrauch. Die Vorteile der Methode für die Landesaufnahme liegen auf der Hand; man ist von Wind und Wetter unabhängig, man braucht in einer Gegend nicht Tage, sondern kaum Stunden zu verweilen und kann die eigentliche Ausmessung zu Hause in aller Ruhe vornehmen. Ebenso hat sich das Verfahren neuerdings in den Dienst der Küstenvermessung vom Schiff aus gestellt, besonders wichtig für Expeditionsschiffe, wobei die Länge des Schiffes als Basis für die stereophotogrammetrische Aufnahme dient, und es ist das Instrumentarium inzwischen durch eine Reihe von Spezialkonstruktionen des Stereo-Komparators und der Aufnahmeapparate, insonderheit der Feld- und Stand-Phototheodolite vervollständigt worden (Fig. 77). Mit ihrer Hilfe ist es auch schon gelungen, Aufgaben zu lösen, denen auf anderem Wege nicht beizukommen ist, wie z. B. die Vermessung der Meereswellen und der Gefechtsstellung manövrierender Flotten, die genaueste Festlegung der Geschoßaufschläge auf dem Wasser u. dergl. m. Ein vielversprechender Anfang ist endlich auch mit der Verwertung der Methode für die Zwecke der Architektur und für Ingenieuraufgaben, z. B. für Eisenbahnbauvorarbeiten, gemacht worden.

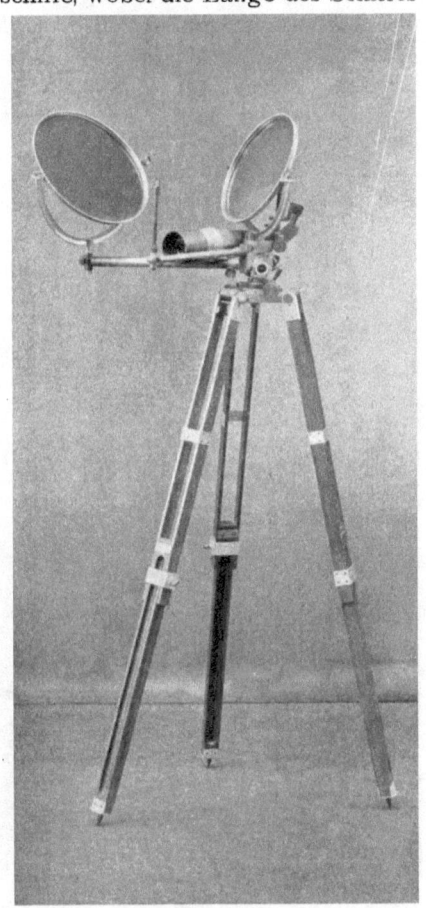

Eig. 78. Heliograph.

Die Stereo-Methode ist noch sehr ausdehnungsfähig; ist sie doch in neuester Zeit durch die Konstruktion des sog. Stereometers, das gestattet, unzerschnittene Stereoskopaufnahmen auszumessen, auch für die Vermessung naher Gegenstände dienstbar gemacht und es ist dadurch ermöglicht worden, z. B. für den menschlichen Körper, insbesondere den Kopf, die Ermittelung der räumlichen Konfiguration aus flächenhaften Aufnahmen zu ermöglichen, womit offenbar der Plastik wichtige Dienste geleistet werden können.

Die einzelnen Abteilungen sind hiermit der Reihe nach an uns vorübergezogen. Und doch läßt unsere Betrachtung noch eine Lücke. In einem Unternehmen, das fortwährend neue wissenschaftliche Probleme heranzieht, um sich die Ergebnisse nutzbar zu machen, stellen sich ohne Unterlaß Sonderaufgaben ein, die an sich noch in keine der bestehenden Abteilungen sich einordnen, deren Resultate vielmehr dieser oder jener Abteilung zu gute kommen und unter Umständen sogar zur Bildung neuer Abteilungen führen können. An diesen Sonderaufgaben, die zum Teil oben schon gelegentlich mit erwähnt wurden, beteiligen sich die wissenschaftlichen Leiter des Unternehmens, dann aber auch mehrere der jüngeren Mitarbeiter.

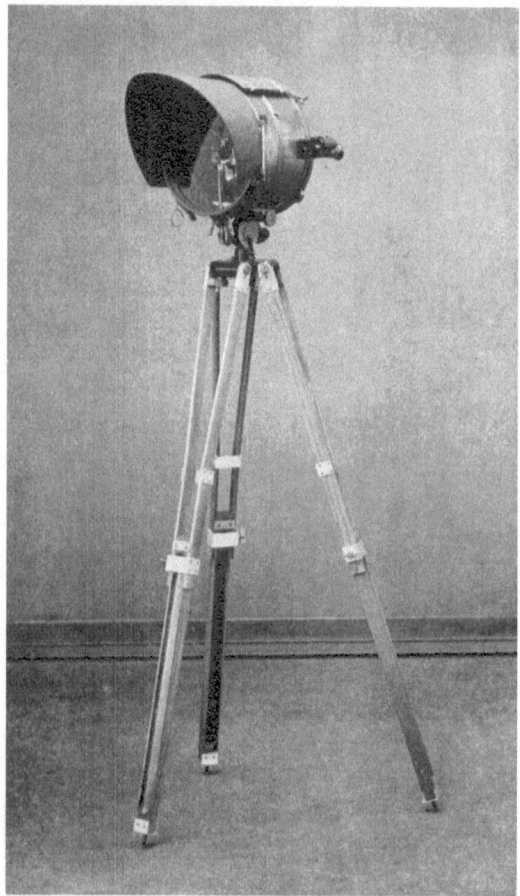

Fig. 79. Signalapparat.

Es gehören hierher unter anderem zahlreiche Apparate für Zwecke besonderer Wissenschaften (Physiologie, Chemie, Technologie u. s. w.), die sich aus mikroskopischen, spektroskopischen, Polarisations- und anderen Teilen zusammensetzen. Ferner ist hervorzuheben ein Apparat zur besonders praktischen Beleuchtung von Operationssälen, den Siedentopf auf fachliche Anregung hin konstruiert hat, und bei dem das Licht in konzentrierter Weise auf die gewünschte Stelle fällt.

Von großer Bedeutung endlich wird eine Reihe von Apparaten werden, die dem Signalwesen dienen. Bekanntlich ist die optische Methode auf diesem Gebiete durch die elektrische verdrängt worden; der einzige Nachteil dieser Methode, die notwendige Drahtleitung, ist seit dem Betriebe drahtloser Telegraphie auch noch hinfällig geworden. Damit ist aber keineswegs gesagt, daß die optische Methode ausgespielt habe; im Gegenteil, für viele Zwecke hat sie sich gerade in neuester Zeit außerordentlich bewährt. Zu diesen Apparaten gehört zunächst der altbekannte Heliograph, der das Sonnenlicht benutzt, um Signale und dadurch Nachrichten in die Ferne gelangen zu lassen (Fig. 78); er ist in der Jenaer optischen Werstätte nach allen Richtungen hin vervollkommnet worden und hat z. B. im südwestafrikanischen Feldzuge entscheidende Dienste getan. Die bedeutsamste Vervollkommnung besteht aber darin, daß ein Apparat geschaffen wurde, der nach Belieben auch die Benutzung künstlichen Lichtes zuläßt, ohne Aufwand von Zeit und Mühe von der einen Gebrauchsart auf die andere umgestellt werden kann und somit bei nahezu jeder Witterung seinen Dienst zu tun im stande ist (Fig. 79). Dabei wird noch weiter Rücksicht genommen auf die Frage, ob der Apparat zu Lande oder zur See Verwendung finden soll, und für besondere Zwecke, wie sie die Verhältnisse erfordern, sind Spezialvorrichtungen ersonnen worden, die diesen besonderen Zwecken Rechnung tragen.

Die räumliche Entwickelung.

Der Einblick, den wir bisher in die Tätigkeit der Jenaer Werkstätte gewonnen haben, hat einen großen Mangel: er ist etwas gar zu abstrakter Natur; und wir können, um dies auszugleichen, nichts Besseres tun, als die Fabrikräume selbst zu betreten und zuzusehen, wie dort geschafft wird, um die Rohmaterialien in die mannigfaltigen Gebilde zu verwandeln, von denen wir gesprochen haben. Dieser sozusagen geographischen Tätigkeit wollen wir aber eine kleine historische Einleitung voranschicken, die uns über das räumliche Werden und Wachsen des Werkes aufklärt.

Die von Carl Zeiß im Jahre 1846 gegründete Werkstätte fand ein bescheidenes Asyl zuerst in der Neugasse, bald darauf in der Wagnergasse[1]); es waren gemietete und notdürftig dem Zweck angepaßte Räume, in denen Zeiß anfangs mit einem Gehilfen und zwei Lehrlingen und auch späterhin noch mit einem nicht wesentlich vermehrten Personal arbeitete.

Von den damaligen Verhältnissen erzählt der einzige Ueberlebende, der alte Löber, in schlichter und anmutender Weise, und es gewährt dem Kenner des heutigen Riesenbetriebes gewiß ein eigenartiges Interesse, von jenen Erzählungen einiges zu vernehmen. „Da es", so sagt Löber, „nicht immer zu tun gab in der Optik, mußte ich auch in der Mechanik mitschaffen. Im Jahre 1848 (Revolution) war Herr Zeiß mit bei der hiesigen Bürgerwehr; im Geschäfte, wo sonst wenig zu tun war, wurden aus den alten Feuersteinschlössern Perkussionen gemacht, es gab Hähne zu feilen und wohl auch zu härten . . . Außer diesem Jahre wurden auch noch später in den 50er Jahren Handelskrisen und Teuerungen dem Geschäfte hinderlich, so daß der Gehilfe entlassen werden mußte und Herr Zeiß und meine Wenigkeit das ganze Personal ausmachten . . . Aus all dem ist wohl zu ersehen, daß die ägyptischen Fleischtöpfe oft schlecht gefüllt waren. Da muß ich z. B. bemerken, daß Herr Zeiß zum Frühstück für 3 Pfennig schwarze Semmel und ein kleines Schnäpschen, Korn, verbrauchte, was ich selbst gesehen und auch wohl mal einen Schluck Kornbranntwein bekommen habe, wenn ich Herrn Zeiß bei dieser Mahlzeit traf . . . So wurde ich nicht selten aus meiner Sonntagsbeschäftigung (Gartenarbeit) geholt wegen einer lumpigen Brille für 1,80 M. Wenn ich da nicht an Fettsucht zu leiden hatte, ist es wohl erklärlich" . . .

Im Jahre 1857 wurde die Werkstätte nach einem etwas geräumigeren Grundstücke am Johannisplatz (Fig. 80) verlegt, das die Möglichkeit einer Ausbreitung gewährte und für längere Zeit, wenn nicht für immer, auszureichen „versprach". Es war eine angenehme Enttäuschung, daß diese Erwartung sich als irrig erwies. Zwar konnten in dieser Periode drei schöne Feste gefeiert werden, nämlich:

am 28. Mai 1866 die Feier des 1000. Mikroskops
„ 12. Sept. 1873 „ „ „ 2000. „
gegen Ende „ 1876 „ „ „ 3000. „

1) Beide schon oben S. 8 abgebildet.

aber damit war auch die Expansionsfähigkeit der Wirkungsstätte ihrem Endwerte nahegerückt. Dank der Erfindung der homogenen Immersion und der wachsenden Beliebtheit der Fabrikate überhaupt mußte die Zahl der Arbeiter nach und nach auf 50 und dann rasch weiter erhöht werden. So wurde denn 1880 das ausgedehnte Grundstück erworben, das damals fast außerhalb der Stadt, zwischen Krautgasse und Leutrabach, an dem jetzigen Carl Zeiß-Platz lag, und sofort mit der Errichtung heller und luftiger Arbeitsgebäude begonnen. Hätte man damals geahnt, wie rasch sich die Stadt Jena einerseits und das eigene Unternehmen andererseits entwickeln würde (beides steht ja in einem innigen Zusammenhang), so hätte man sicher von vornherein eine noch entlegenere Gegend gewählt; denn dem Vorteil, der damit verknüpft ist, daß das ganze, jetzt ein großes Viertel einnehmende Werk (Fig. 80), gegenwärtig nahezu im Zentrum der Stadt liegt, steht der Nachteil gegenüber, daß alles umliegende, in der Zwischenzeit auch schon mit Privatgebäuden besetzte Terrain zu abnorm hohen Preisen hinzugekauft werden mußte, und daß in absehbarer Zeit eine Erweiterung überhaupt nicht an Ort und Stelle möglich sein wird.

Fig. 80. Dritte Werkstätte (Johannisplatz).

Seit dem Schreiber dieser Blätter vergönnt ist, die Entwickelung des Unternehmens aus persönlicher Anschauung zu verfolgen, d. h. seit 1890, ist wohl kein Jahr vergangen, in dem nicht zu den vorhandenen ein neues stattliches Gebäude hinzugekommen, oder ein bestehendes wesentlich erweitert worden wäre (vgl. den historischen Grundriß hinter den graphischen Darstellungen). Gegenwärtig umspannt das Werk eine Grundfläche von gegen 20000 Quadratmetern, wovon knapp die Hälfte bebaut ist, während die gesamte von Arbeitsstätten eingenommene Grundfläche (die verschiedenen Stockwerke einzeln gerechnet) sich auf mehr als 25000 Quadratmeter beläuft. Wenn man erwägt, daß auf einer solchen Fläche in anderen Betrieben nicht selten 3—6000 Arbeiter, hier aber nur 15—1800 tätig sind, so ersieht man schon hieraus, wie reichlich der Platz für jede Arbeitsstätte bemessen ist, und wie angenehm schon in dieser äußerlichen Hinsicht sich für jeden im Geschäft Tätigen sein Dienst gestaltet, wobei man gleichzeitig noch die solideste Bauart (die neueren Gebäude ganz einheitlich in Eisenbeton), die Höhe der Räume, ihre nach dem neuesten Stande der Technik sorglich eingerichtete Heizung, Lüftung, die große Lichtfläche (bei den neueren Gebäuden an 80 Prozent) u. s. w. in Betracht ziehen muß.

Ein Gang durch die Werkstätten.

Wenn wir jetzt den geplanten Gang durch die Werkstätten antreten, so bekommen wir gleich zu Beginn einen Beweis dafür, daß das Terrain am Carl Zeiß-Platz der ungeahnten Entwickelung des Unternehmens schon nicht mehr gewachsen ist. Denn wenn wir naturgemäß unsere Schritte zunächst dahin lenken, wo die Betriebskraft für das Ganze erzeugt resp. in die geeignete Form umgesetzt wird, so müssen wir einen Spaziergang von einer guten Viertelstunde machen. Denn das 1902 für die Zwecke der optischen Werkstätte und der Glashütte gemeinsam errichtete Elektrizitätswerk steht im Süden der Stadt, an der Lichtenhainer Grenze, am äußersten Ende des großen Geländes, auf dem das Glaswerk von Schott und Genossen steht. Da die Stadt Jena seit einiger Zeit selbst über ein Elektrizitätswerk verfügt, lag es nahe, sich diesem anzugliedern; den Ausschlag dafür, dies nicht zu tun, gab neben dem Umstande, daß das mit Gleichstrom arbeitende Werk zufällig am entgegengesetzten Ende der Stadt liegt, hauptsächlich die Erwägung, daß es für ein so großes Werk, wie das Zeiß-Schottsche, mißlich sei, sich von einem Betrieb abhängig zu machen, auf dessen Verwaltung ein entscheidender Einfluß nicht ausgeübt werden könne; auch wäre der Umstand, daß dieser eine Abnehmer mehr als die Hälfte der ganzen Leistung für sich in Anspruch genommen haben würde, für beide Teile nicht gerade vorteilhaft gewesen.

Die Kraftstation besteht nach einer Mitteilung des Betriebsleiters Klemm zur Zeit, nachdem die ursprüngliche Anlage sich nicht mehr als ausreichend erwies, aus folgenden Teilen: 1) der Kesselanlage mit (drei Zweiflammrohrkesseln von je 90 Quadratmeter Heizfläche und 10 Atmosphären Betriebsdruck, 2) einem Kühlturm, 3) einer (noch in der Anlage begriffenen) Kohlensiloanlage mit automatischer Kohlenbeförderung, 4) einer Dampfmaschine mit Collmann-Steuerung von 450 Pferdekräften, gekuppelt mit einer Drehstrommaschine für 3000 Volt (von der Görlitzer Maschinenbauanstalt), 5) einer Dampfturbine von 675 Pferdekräften mit Drehstromgenerator für 3000 Volt und 450 Kilowatt (von Brown, Boveri & Co. in Mannheim). Die Zahl der abgegebenen Kilowattstunden belief sich im Jahre 1903/04 auf 380 892, im Jahre 1904/05 auf 582 941 und im Jahre 1905/06 auf 680 463 — wiederum ein Zeichen von der raschen Entwickelung des Gesamtbetriebes.

Fig. 81. Elektrizitätswerk.

Die ursprüngliche, auf dem Terrain der optischen Werkstätte belegene Kraftstation dient jetzt nur noch als Reserve für unvorhergesehene Fälle sowie für bestimmte Spezialzwecke.

Die in dem neuen Werk erzeugte Kraft wird, soweit sie nicht in der Glashütte selbst benutzt wird, durch hochgespannte Ströme nach dem Zeiß-Werk geleitet, dort nach dem bekannten System der Verteilung in die einzelnen Arbeitsräume geleitet und daselbst teils zum Betrieb, teils zur Beleuchtung verwendet.

Treten wir nun vom Hauptportal aus in das große und schöne Eckgebäude ein, das der allgemeinen Geschäftsleitung, Verwaltung, den Laboratorien u. s. w. dient, so brauchen wir uns hier nicht weiter aufzuhalten, es sei denn, daß wir rasch einen Blick

Fig. 82. 450-p.f. Stromerzeuger des neuen Elektrizitätswerkes (direkt gekuppelt mit der dahinter zum Teil sichtbaren Dampfmaschine).

in die Expedition werfen, wo die Erzeugnisse einer letzten Prüfung auf Versandfähigkeit unterworfen werden. Wir haben nun die

Wahl, ob wir uns zunächst für den optischen (Oberwerkmeister Richard Toepfer) oder für den mechanischen Teil der Fabrikation interessieren wollen; beginnen wir mit dem letzteren, um uns dann zur Hauptsache, zur Optik, zu wenden. Nachdem früher die gesamte technische Leitung in einer Hand gewesen war, hat sich neuerdings eine Teilung notwendig gemacht: die Konstruktionsleitung hat für den Astro-Betrieb Meyer (s. oben), für die übrigen Abteilungen Dr. Bauersfeld, dessen Stelle aber dem-

Fig. 83. Verwaltungsgebäude.

nächst nochmals geteilt werden wird (vgl. am Schlusse das Verzeichnis der Mitarbeiter); die eigentliche Betriebsleitung hat Max Berger übernommen.

Wir betreten demgemäß zuerst die Former- und Metallgießerabteilung. Sie empfängt ihr Rohmaterial aus dem sog. Magazin, das zugleich Stapel- und Verteilungsort der Halbfabrikate ist, und liefert ihm den von ihr erzeugten fertigen Guß wieder zurück. Die Stoffe, welche zu den Legierungen verwandt werden, sind im wesentlichen Kupfer, Zinn, Zink, Eisen und, seit etwa einem Jahrzehnt, Aluminium — letzteres bekanntlich überall da von großer Verwendbarkeit, wo es auf geringes Gewicht ankommt.

Fig. 84. Gießerei: Gießen eines Mikroskop-Zwischenträgers.

Die Abteilung steht unter der wissenschaftlichen Leitung von Dr. Herschkowitsch, sie hat mit alten und neuen Legierungen so schönen Erfolg gehabt, daß die Produkte der Gießerei gegenwärtig zu den besten in Deutschland gehören. Die Gußteile verlassen späterhin das Magazin zum ersten Mal, um in den Fräser- und Dreherwerkstätten einer mehr oder weniger weitgehenden Bearbeitung für die einzelnen Instrumente unterzogen zu werden. Sind sie dann von hier aus wieder-

Fig. 85. Arbeitssaal der Astro-Abteilung.

um in das Magazin zurückgekehrt, so wandern sie nunmehr zum zweiten Male hinaus in diejenigen Einzelabteilungen, welche wir bei unserer obigen Betrachtung unterschieden haben, also in die Abteilung für Mikroskopie, Projektion, Photographie, in die astronomische, Erdfernrohr- und Meßabteilung. Bei allen Bearbeitungen, denen hierbei die Metallteile unterzogen werden, wird nach Zeichnung und Lehre gearbeitet, und nach einer jeden werden sie, ehe sie zur nächsten Station gelangen, von dem der betreffenden Abteilung vorstehenden Werkmeister oder Kontrollbeamten geprüft, und, wenn sie den vorschriftsmäßigen Präzisionsbedingungen nicht genügen,

Fig. 86. Dreherei: Bearbeitung eines Rohrteiles zu einem Relieffernrohr auf einer Universal-Revolverdrehbank.

behufs Vervollkommnung zurückgegeben oder, wo dies nicht möglich, vernichtet. Eine besondere Behandlung erfahren natürlich alle Neukonstruktionen, sowie alle jene Spezialaufträge, wie sie der Werkstätte namentlich von Gelehrten für Studien- oder Lehrzwecke jahraus jahrein in großer Zahl zugehen und die, obgleich dabei häufig kaum auf Deckung der Kosten zu rechnen ist, trotzdem, wenn sie nur einigermaßen in den Rahmen des Betriebes fallen, um der Anregung willen, die sie gewähren, gern angenommen und ausgeführt werden. Alle diese Neukonstruktionen gehen, nachdem sie von den wissenschaftlichen Mitarbeitern prinzipiell festgelegt und nach allen Seiten durchdacht sind, zunächst zum Zwecke der zeichnerischen Bearbeitung in das technische

Bureau und erst, nachdem diese Zeichnungen gebilligt sind, in die betreffende Fabrikationsabteilung.

Von dem Magazin gelangt man in die eben erwähnten Dreherabteilungen, wo vorzugsweise auf Revolverdrehbänken gearbeitet wird; weiter sodann in die Fräsabteilungen, die eine große Anzahl höchst sinnreicher Spezialmaschinen, wie Façon-, Profil-

Fig. 87. Fräserei: Bearbeitung von Mikroskopfüßen.

Fräsbänke, Triebschneidemaschinen u. dgl. besitzen, die zum nicht geringsten Teil in der eigenen Maschinenwerkstatt konstruiert und ausgeführt sind.

Dem Laufe der so bearbeiteten Werkstücke folgend, betreten wir die Montier- oder eigentlichen Mechanikerwerkstätten, wo die einzelnen Teile gruppenweise zur endgültigen Zusammenstellung gelangen. Von Justierern nochmals in Serien auseinandergenommen, gelangen alsdann die mit Arbeitsnummer und Laufzettel versehenen Teile zur letzten Oberflächenbearbeitung in die Polier- und Lackierwerkstätten, wo sie gereinigt, teilweise auch mit verschiedenen Säuremischungen farbig gebeizt oder geschwärzt und endlich je nach Bedarf poliert oder lackiert werden. An diese Metallbetriebe reihen sich noch Tischler- und Lederarbeiterwerkstätten an, deren Zweck die Herstellung der mannigfachen Behältnisse für Ausrüstung, Aufbewahrung und Transport der Instrumente bildet.

Wir kommen nun zur eigentlichen optischen Fabrikation. Wie das Material des mechanischen Betriebes im wesentlichen Metalle sind, so handelt es sich hier in der Hauptsache um Glas, freilich, wie wir wissen, um Glas äußerst mannigfaltiger Beschaffenheit, daneben aber auch um verschiedene von der Natur gelieferte Kristallarten, namentlich Flußspat, Quarz, Kalkspat; letztere sind jedoch nur für gewisse Spezialitäten von Bedeutung.

Wenn wir uns nicht mit Rücksicht auf den Raum Beschränkungen auferlegen müßten, könnten wir nichts Interessanteres tun, als eine Exkursion nach der Glashütte von Schott und Genossen zu machen, woher das gesamte Glasmaterial für die Zeißsche Werkstätte stammt. Wir können dort die Rohmaterialien lagern sehen, die zum Teil, wie die Borsäure, von weither (Italien, Südamerika) kommen, wir können dort die Schmelzöfen bewundern, aus deren Innerem die heißflüssige Masse in ihren „Häfen" herausgeholt wird, um, wenn bei der Abkühlung die Hülle springt, zerschlagen und weiter verarbeitet zu werden. Im allgemeinen wird diesen festen Massen die Form von Platten gegeben, die, im übrigen undurchsichtig, an zwei gegenüberliegenden Seiten zur Durchsicht angeschliffen werden, um die Stücke auf ihre optischen Eigenschaften, Freiheit von Schlieren und anderen Fehlern u. s. w. prüfen zu können. Nur die Glasmassen für die großen astronomischen Objektivlinsen, sowie für Zwecke, bei denen es auf besonders gleichmäßige Eigenschaften des Glases ankommt, werden, nachdem sie aus dem Ofen herausgeholt sind, in geeignet geformte Schalen frei ausgegossen, z. B. für astronomische Objektive auf Unterlagen, die schon sphärisch gekrümmt sind, so daß man rohe, auf der einen Seite konvexe, auf der anderen ebene Linsen erhält, die dann bei Zeiß oder sonstwo weiter bearbeitet werden. Es ist ein großartiges Schauspiel, das der Ausguß einer solchen riesigen weißglühenden Masse gewährt, ein Prozeß, bei dem alle Beteiligten auf das präziseste auf einander reagieren müssen, um ein möglichst tadelloses Resultat zu erzielen (Fig. 88).

Uebrigens macht das optische Glas nur einen kleinen Teil der Fabrikation der Hütte aus; es wird im übrigen thermisches Glas, Geräteglas (gegen Temperaturwechsel unempfindlich), Röhrenglas (für Thermometer, Barometer, Wasserstandszeiger u. s. w.) gefertigt; eine Hauptrolle spielen aber die Glaskörper für Auerlicht und elektrisches Licht; schließlich sei auch auf die elektrische Quecksilberlampe aus Uviolglas (für ultraviolette Strahlen durchlässig) hingewiesen.

Fig. 88. Guß einer großen Linse in der Glashütte.
(Nach einer Tuschzeichnung.)

Aber, wie gesagt, wir müssen es uns versagen, bei diesem Betrieb länger zu verweilen, und kehren nach dem Carl Zeiß-Platz und zur optischen Fabrikation zurück. Hier werden zunächst die erwähnten Glasplatten mittelst Weißblechscheiben, auf deren Kanten Diamantstaub eingedrückt ist, unter gleichzeitiger Befeuchtung mit Petroleum in Prismen oder in Platten für Linsen zerschnitten. Dem Arbeitsgange folgend gelangen wir jetzt in die Abteilung der Linsen- und Prismenschleifer. Dieses Stadium der Arbeit erfordert naturgemäß angesichts der außerordentlich vielseitigen Zwecke und der ebenso vielseitigen Art- und Größenunterschiede der benötigten Prismen und Linsen umfangreiche Räume und zahlreiche, in ihren Dimensionen wechselnde Maschinen, da hier ebenso Objektivlinsen kleinster Ordnung für Mikroskope als auch

Fig. 89. Glasschneiden.

große für terrestrische Fernrohre bearbeitet werden (nur die, schon aus Anlaß ihres Gusses erwähnten astronomischen Linsen werden in besonderen Räumen und nach besonderen Methoden geschliffen). Nachdem die Glasteile in diesen Sälen die verschiedenen Stadien der Bearbeitung auf ihren einzelnen Flächen nacheinander durchlaufen haben, kommen sie zu ihrer letzten und subtilsten Oberflächenbearbeitung in die eigentlichen Poliersäle. Hier werden die Linsen bei stärkeren Krümmungen jede für sich, bei schwächeren Krümmungen bis zu 50 gleichzeitig poliert, letztere schachbrettartig in der Weise auf eine gemeinsame Unterlage aufgekittet, daß sie alle zusammen eine gemeinsame sphärische Fläche von der ihnen eigentümlichen Krümmung bilden. Diese Linsen werden nun gegen die durch elektrischen Antrieb in Rotation versetzte Polierschale gedrückt und dabei immerfort nach allen Richtungen hin und her gedreht, etwa wie sich ein Punkt auf einem zugleich rollenden und stampfenden Schiff bewegt. Natürlich muß der betreffende Arbeiter, um eine gewünschte

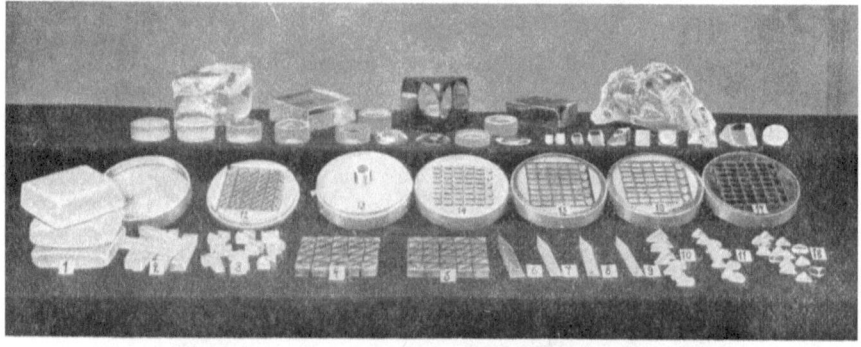

Fig. 90. Arbeitsgang des Prismas.

Krümmung zu erzielen, und zwar in allen Teilen gleichmäßig zu erzielen, sehr geübt sein in der Ausübung des Druckes, in der Unterbrechung desselben u. s. w. Von Zeit zu Zeit überzeugt er sich, inwieweit ihm dies gelungen ist, und zwar, wie wir schon wissen, nach der Fraunhofer-Löberschen Methode. Vermittelst mathematisch genauer Probegläser, welche die der zu bearbeitenden Fläche in entgegengesetztem Sinne korrespondierende Fläche besitzen, werden auf diese Weise bekanntlich die charakteristischen Newtonschen Farbenringe erzeugt; die Dickenänderung der Luftschicht zwischen dem Arbeitsstück und dem Probeglas beträgt von einem Farbenringe bis zur Wiederholung der Farbe weniger als drei zehntausendstel Millimeter!

Die Herstellung der kleinsten Linsen für Mikroskop-Objektive erfolgt im Arbeitsgange weniger getrennt; so die der Oel-Immersionsfrontlinsen, welche halbkugelig, ja bei größerer Oeffnung überhalbkugelig sind, und von der geschnittenen, auf einer Seite polierten kleinen Glasplatte bis zur Vollendung von einer einzigen Hand bearbeitet werden, wobei das Wort „Hand" wörtlich zu nehmen ist, da hierbei der mechanische Betrieb, der den erforderten minutiösen Feinheiten doch nicht folgen kann, fast gänzlich ausgeschaltet ist.

Die so in den wirksamen Flächen vollendeten optischen Elemente kommen nunmehr in die Werkstätten der Linsen-

Fig. 91. Linsenpolieren.

Fig. 92. Poliermaschine für große Linsen.

zentrierer, welche die mit Pech auf Heftchen gekitteten Linsen im Spannfutter mittels Fühlhebels zentrisch ausrichten und mit einem zur Rundung annähernd passenden Eisenblech durch Schmirgelwasser auf den richtigen Durchmesser abschleifen.

An diesen optischen Arbeitsraum schließt sich die Linsenprüfungsstation und das Schleifschalenlager, das etwa 20 000 Schalen mit ungefähr 700 verschiedenen Krümmungsradien umfaßt, sowie das Glaslager von mehr als 70 Glastypen, von denen jede Haupttype wiederum eine Anzahl Nebentypen aufweist. Dieses Glasmagazin korrespondiert also sinngemäß mit dem eingangs geschilderten Magazin der metallischen Instrumententeile, und wir haben hiermit unseren Rundgang zu einem gewissen Abschlusse gebracht.

Fig. 93. Fassen kleinster Linsen.

Es würde zu weit führen, die übrigen optischen Arbeiten (Herstellung von Prismen u. s. w.) hier nochmals zu verfolgen.

Die Werkstätte verfügt überdies über ein photographisches Versuchs- und Reproduktions-Atelier, zwei solche für Mikrophotographie und Projektion, über eine Bibliothek, die mit der Zeit ein Archiv der praktischen Optik zu werden verspricht, ein vortrefflich organisiertes Patentbureau (Dönitz), eine Abteilung für literarische, Katalog- und ähnliche Zwecke (Ingenieur B. Berger) und manche andere Einrichtungen, die hier nicht einzeln aufgeführt werden können.

Diese Uebersicht würde unvollständig bleiben, wenn wir nicht schließlich die auswärtigen Zweigniederlassungen in Berlin und Wien, Frankfurt und Hamburg, London und St. Petersburg erwähnten, in denen die Erzeugnisse der Werkstätte zu haben resp.

durch die sie zu beziehen sind, und wo teils kleinere Reparaturen durch in Jena geschultes Personal ausgeführt werden, teils aber, wie in Wien und St. Petersburg, Fabrikationsbetrieb in größerem Maße besteht bezw. in Aussicht genommen ist.

Die Besitzverhältnisse.

Der Schilderung eines Fabrikunternehmens pflegen, gewissermaßen als Anhang, einige Bemerkungen über die sozialen Verhältnisse, insbesondere über die Fürsorge für die Angestellten des Unternehmens beigegeben zu werden. Bei der Jenaer Optischen Werkstätte muß dieses Kapitel demjenigen, welches sich mit der Fabrikation selbst beschäftigt, als ein ebenbürtiges zur Seite gestellt werden. Denn wenn diese Werkstätte in Bezug auf ihre Erzeugnisse mustergültig in der ganzen Welt dasteht, so tut sie dies in womöglich noch höherem Maße hinsichtlich ihrer sozialen Organisation; und wenn wir unseren Raum nach dem Interesse bemessen wollten, auf das wir in weiteren Kreisen bei unseren Ausführungen rechnen dürfen, so müßten wir diesem Kapitel jedenfalls eine weit größere Ausdehnung geben als den vorhergegangenen. Denn Optik bleibt Optik, und es ginge zur Not in der Welt auch ohne sie. Ob es aber in absehbarer Zeit ohne bestimmte, den Verhältnissen gewachsene soziale Organisation in der Industrie abgehen werde, das ist noch sehr die Frage, und für diese Organisation haben wir gerade hier ein mustergültiges Beispiel vor uns.

Fast 30 Jahre lang, von 1846 bis 1875, war Carl Zeiß, der Begründer der Optischen Werkstätte, ihr alleiniger Inhaber; er blieb es zunächst noch, nachdem sein Zusammenarbeiten mit Abbe angefangen hatte, zu greifbaren Erfolgen zu führen. Als diese Erfolge indessen die Notwendigkeit ergaben, den Betrieb immer mehr auszudehnen und entsprechende Mittel in ihm festzulegen, mußte Zeiß naturgemäß auf Mittel sinnen, seinen Mitarbeiter dauernd an das Unternehmen zu fesseln. Es wäre eine einseitige Darstellung, wenn wir sagen wollten, Zeiß habe in dankbarer Anerkennung von Abbes Verdiensten diesen als Mitarbeiter in das Geschäft aufgenommen. Das ist gewiß richtig; aber ebenso richtig und verständlich ist das gleichzeitig auf Zeiß einwirkende Gegenmotiv, Abbe auch an dem Risiko der Zukunft partizipieren zu lassen.

Vom Jahre 1875 ab waren also Carl Zeiß und Ernst Abbe Teilhaber der Optischen Werkstätte; 1881 trat der älteste Sohn des ersteren, Dr. Roderich Zeiß, als Dritter in die Firma ein. Man kann wohl, ohne irgend jemand zu nahe zu treten, sagen, daß Abbe und Roderich Zeiß nicht die Männer waren, die geeignet gewesen wären, an demselben Seil zu ziehen: ihre Lebens- und Weltauffassung war dafür, von Einzelheiten ganz abgesehen, gar zu verschieden. Es läge auch, wenn es anders gewesen wäre, hierin fast eine Desavouierung dessen, was oben über den seltenen Zufall gesagt worden ist, der in Zeiß senior und Abbe zwei Männer zusammenführte, die eben gerade geeignet waren, zusammen zu arbeiten. So mußte es denn kommen, wie es tatsächlich gekommen ist; kaum ein Jahr nach dem Tode von Carl Zeiß (1888) trat Roderich von der Geschäftsleitung zurück und schied damit tatsächlich, wenn auch zunächst noch nicht formell, aus der Firma aus. Abbe war sozusagen Alleinherrscher, und wir werden nun erwarten, von den vielen Taten zu hören, zu denen er seine Alleinherrschaft ausnutzte. Mit dieser Vielheit ist es aber nichts, nur eine einzige Frucht ist auf dem Boden dieser kurzen Tyrannis entsprossen, aber eine Frucht von so köstlicher Reife, wie sie wohl niemand unter dem bleigrauen Himmel modernen Industrielebens erwartet hätte — eine Frucht, die Tausende zu pflücken berechtigt sind, und die sich immer wieder von neuem ergänzt. Das ist die von Abbe ins Leben gerufene und nach dem verewigten Mitarbeiter benannte „Carl Zeiß-Stiftung", an die er im Jahre 1891 sein Eigentumsrecht an der Optischen Werkstätte und seine Teilhaberschaft an der Glashütte abtrat.

Die Carl Zeiss-Stiftung.

Wenn der Mensch ein unbegrenztes Dasein hätte, sei es auch nur in dem Sinne, in welchem man bei wechselnden Individuen doch eine in jeder Hinsicht stetige Reihe intellektueller und moralischer Betätigung annehmen dürfte, so wäre die Unterstellung jeder Art von Unternehmungen unter eine persönliche Leitung zweifellos das Ideale. Denn der persönliche Wille kann sich jederzeit frei betätigen, und er wird es, wenn er von einem entsprechenden geistigen und ethischen Fundament getragen ist, stets in dem, durch die jeweiligen veränderten Umstände angezeigten Sinne tun. Demgegenüber ist die Herrschaft jedes

Statuts, dem ein Unternehmen unterworfen wird, unfrei und unvollkommen.

Leider ist jene Vorstellung eine Fiktion; der Mensch vergeht nicht nur persönlich, mit ihm geht auch sein Können und Wollen dahin. Schon der Sohn ist dem Vater unähnlich, geschweige denn ein anderer, der an die Stelle des Vorgängers tritt. Persönliche Verhältnisse und Gestaltungen sind unberechenbar. Wenn also ein noch so gutes Statut idealen Persönlichkeiten sicherlich nicht ebenbürtig ist, so wird es doch unbedingten Vorzug verdienen gegenüber den nicht vorherzusehenden Schwankungen persönlichen Könnens und Wollens. Das ist ungefähr der Gedankengang, der, wie es uns scheint, Abbe zu seinem Entschlusse geführt hat; und es seien hierfür noch die einleitenden Worte des Rundschreibens angeführt, durch das er die vollzogene Uebertragung der Firma Carl Zeiß und des Anteils an der Glashütte auf die Stiftung als Inhaberin den Mitarbeitern bekannt gab: „Um für die wirtschaftliche Sicherung und sachgemäße Verwaltung der beiden Unternehmungen auch für eine entferntere Zukunft größere Gewähr zu schaffen, als Privatunternehmer auf die Dauer zu bieten vermögen, und um hierzu geeignete Einrichtungen schon bei meinen Lebzeiten vorbereiten zu können, bin ich . . ."

Auch wenn man es nicht wüßte, könnte man bei der überaus genußreichen Lektüre des Statuts der Stiftung nicht im Zweifel darüber sein, daß es die Frucht jahrelanger Gedankenarbeit, innerer Kämpfe, schwerwiegender Entscheidungen ist; daß sein Verfasser sich gewiß bei manch einer Bestimmung desselben im klaren darüber gewesen ist, daß sie unvollkommen, oder daß sie gar ein Uebel, wenn auch das kleinste von den möglichen sei; daß er immer wieder erwogen haben mag, ob dies oder jenes nicht etwas anders zu gestalten sei; daß ihn aber stets die Unterordnung des einzelnen unter die Idee des Ganzen geleitet habe. Denn wenn ihn auch nahestehende Freunde beraten haben, so ist doch das ganze Statut dem Kerne nach sein eigenes Werk — dieses Statut, das eine Juristenfakultät veranlaßte, ihm den Doktorhut „ehrenhalber" aufzusetzen. Und die Größe dieser Leistung liegt gleichermaßen in der Neuheit der Aufgabe wie in der Geschlossenheit der Lösung — unberührt durch die Unvollkommenheiten, die sie mit jedem Gesetze und überhaupt mit allen Maßnahmen teilt, welche die Freiheit persönlicher und augenblicklicher Entschließung beschränken. Es sind Fälle denkbar, in denen die leitende Stelle diese oder jene Bestimmung lästig — natürlich im Interesse der Sache lästig — empfinden oder gar verwünschen möchte; sie wird aber, treu dem Geiste des Stifters, stets der Motive eingedenk bleiben, die eben gerade diese Bestimmung als dringend erwünscht erscheinen ließen, sollte die Tendenz des Ganzen nicht Schaden leiden.

Uebrigens ist selbstverständlich, mit Rücksicht auf die korrigierende Kraft der Praxis, vorgesehen, daß das Statut Aenderungen unterzogen werden kann, und zwar in folgender Weise. Bis zum Ablaufe des zehnten Jahres nach Inkrafttreten des Statuts — also bis 1906 — blieben Aenderungen und Ergänzungen desselben, sowie deklaratorische Zusätze und geeigneten Falls Neuredaktion ganzer Abschnitte der Vereinbarung zwischen der Stiftungsverwaltung und dem Stifter vorbehalten. Derartige Aenderungen traten nach erfolgter landesherrlicher Bestätigung ohne weiteres in Kraft. Ganz anders jetzt, nach Ablauf des ersten Dezenniums. Nunmehr dürfen Aenderungen nur noch vorgenommen werden, insoweit wesentliche Voraussetzungen des Statuts hinsichtlich der rechtlichen Grundlagen oder hinsichtlich der technischen und ökonomischen Bedingungen für die Wirksamkeit der Stiftung in solchem Grade verändert sein sollten, daß die fernere strenge Aufrechterhaltung aller Bestimmungen dieses Statuts entweder direkt unmöglich oder vermöge ihrer Folgen in absehbarer Zeit undurchführbar oder angesichts der erkennbaren Absichten des Stifters offenbar zweckwidrig würde. Aenderungen, die diesen Voraussetzungen entsprechen, müssen einem bestimmt bezeichneten Kreise von Personen — Stiftungskommissar, Vorstände der Betriebe, Sozien, Personal, Nachkommen des Stifters, Universität, Gemeindebehörden — angekündigt werden und treten erst nach einem Jahre und nachdem Einwendungen ihre gerichtliche Erledigung gefunden haben, in Kraft; dieses Verfahren, namentlich aber die vier ersten Paragraphen des Statuts — Zweck, Name, Sitz und Organe der Stiftung — dürfen überhaupt nicht abgeändert werden; auch dürfen niemals einzelne Personen oder Personengruppen von den Wirkungen einer Statutenänderung ausgenommen oder wegen derselben schadlos gehalten werden.

Nachdem das Statut der Carl Zeiß-Stiftung schon probeweise zur Anwendung gelangt war, trat es am 1. Oktober 1896, durch den Großherzog von Sachsen genehmigt, in volle Kraft; die von vornherein vorgesehene Revision (s. u.) fand im Jahre 1905 statt.

führte übrigens nur zu einigen nicht sehr erheblichen Aenderungen, und dieses revidierte Statut ist seit dem 1. Januar 1906 in Geltung[1]). An der Hand seiner Bestimmungen wollen wir die sozialen Einrichtungen des Betriebes in ihren wichtigsten Zügen betrachten und dabei auch diejenigen Punkte mit heranziehen, die durch das Statut nicht direkt berührt werden.

Vorangeschickt aber seien die folgenden allgemeinen Betrachtungen.

Man pflegt den Männern, welche Stiftungen irgend welcher Art machen, den Beinamen der Hochherzigen zu geben, und so spricht man auch allgemein von der Hochherzigkeit, die Abbe betätigte, als er die Carl Zeiß-Stiftung schuf. Diese Bezeichnung ist im objektiven Sinne gewiß unangreifbar, und es wird, wenigstens in Deutschland, nicht viele Beispiele ähnlicher Hochherzigkeit geben. Aber im subjektiven Sinne will es uns scheinen, als ob das Wort der Tat, die es charakterisieren soll, nicht völlig gerecht würde. Denn für Abbe handelte es sich nicht um eine landläufige, wenn auch durch den Maßstab hervorragende Wohltätigkeit, es handelte sich für ihn, kraft der Höhe seines ethischen Standpunkts, um eine heilige Pflicht gegen sein Unternehmen gegen dessen Angestellte, gegen die Gesamtheit. Wenn er diese Pflicht empfand, so wird hierdurch seine Tat nicht beeinträchtigt; aber daß er jene Pflicht empfand, stellt ihn hoch über all diejenigen Wohltäter, deren einziges Verdienst die Tat ist.

Wem gehört eine Fabrik? Hierauf gibt es bekanntlich außerordentlich viel Antworten, und zwei von ihnen entsprechen den möglichen Extremen nach beiden Seiten hin. Das eine Extrem stellt den Kapitalgeber, das andere die Werktätigen als moralische Besitzer hin; jener Gedanke ist gegenwärtig fast durchweg, dieser nur in einigen wenigen und nicht immer glücklichen Fällen verwirklicht. Beide Ideen aber sind gleich einseitig. Will man gerecht sein, so wird man alle diejenigen zu den Teilhabern rechnen müssen, welche für die Schaffung, Erhaltung und Mehrung des Unternehmens tätig sind, tätig gewesen sind und tätig sein werden. Von diesen drei Parteien sind die Lebenden am leichtesten zu befriedigen: durch Gehalt, Lohn, Gewinnbeteiligung, Versicherung gegen Krankheit und Alter u. s. w.

---

[1]) Im 3. Bande der ges. Abhandlungen von Abbe (Jena 1906) ist das Statut nebst den Varianten, den Motiven und Erläuterungen abgedruckt (S. 262—402); auch ist es für sich im Buchhandel zu haben.

alles Punkte, auf die wir dann im einzelnen eingehen. Aber wie den Toten und den noch nicht Geborenen gerecht werden? Die Toten sind zwar ihrer Zeit auch abgelohnt worden, aber nur für das, was sie bei Lebzeiten für das Unternehmen geleistet haben, und noch nicht für ihre dauernde Leistung, die nach ihrem Tode fortwirkt, für das Fundament, das sie für die weitere Entwickelung des Unternehmens gelegt haben, für die Summe von Erfahrung, die von ihnen stammt und die der jetzigen Generation zu gute kommt. Und die zukünftige Generation. Nun, sie wird hoffentlich auch ihren Lohn empfangen können! Hoffentlich. Aber ist es nicht besser, wenigstens teilweise schon im voraus für die Zukunft zu sorgen? Läßt man beide Gedankenreihen gelten, so bleibt nur noch die Frage übrig, wie man sie verwirklichen, wem man die Rechte der dahingegangenen und die Sorge für die kommenden Geschlechter anvertrauen soll. Nun, es gibt nur eine einzige hierzu wahrhaft legitimierte Persönlichkeit, und diese ist das Unternehmen selbst; nicht die zur Zeit in ihm Tätigen, sondern das Unternehmen selbst. Das Unternehmen muß gewissermaßen sein eigener Besitzer sein.

Und wer sind die am Eingang erwähnten Mitarbeiter an der Entstehung und Mehrung der in dem Unternehmen investierten Werte? Zunächst alle früher, jetzt oder später Angestellten selbst. Aber zwei unpersönliche Beteiligte dürfen nicht vergessen werden: die Wissenschaft, die, wie wir sahen, bei dem Unternehmen Mutterstelle vertreten hat, und das Milieu, in dem es Fuß gefaßt hat, in dem es atmet. Deshalb sollen die Universität einerseits und Stadt und Bevölkerung von Jena andererseits ihren Anteil haben.

Einer freilich scheint bei dieser Verteilung „versehentlich" vergessen worden zu sein. Der- resp. Diejenigen, welche das Kapital gegeben haben. Vom Standpunkt der Wirtschaftsordnung, welche in der Gestalt des zinstragenden Kapitals seit dem Ausgang des Mittelalters die europäische Kultur beherrscht, kann es keinem Zweifel unterliegen, daß diejenigen, welche das Geld für ein Unternehmen gegeben haben, zu dem Kreise derer gehören, ohne die es nicht hätte entstehen und sich entwickeln können. Aber nachdem das Verhältnis zu dem anderen Inhaber in einer diesem Sinne völlig entsprechenden Weise gelöst worden war, zog der verbleibende, nunmehr alleinige Inhaber eine weitergehende Konsequenz seiner von der herrschenden abweichenden und das Zinsrecht des Kapitals nicht anerkennenden Anschauung, indem er für sich persönlich auf seinen Besitz verzichtete und das Unternehmen selbst, das alle übrigen Funktionen schon in sich aufgenommen hatte, nun auch noch zum Verwalter des Kapitals einsetzte.

Die Aussage, daß die jetzige Inhaberin des Unternehmens dieses selbst sei, ist übrigens formell nicht richtig und kann es nicht sein, schon aus dem Grunde, weil es sich außer um die Optische Werkstätte noch um den Anteil an der Glashütte handelt. Inhaberin ist vielmehr die gedachte „Carl Zeiß-Stiftung"; ihre Betriebe sind die Optische Werkstätte und die Glashütte, letztere in Gemeinschaft mit Dr. Schott.

Allgemeine Normen für die Tätigkeit der Stiftung.

Bei den meisten Stiftungen liegen die Verhältnisse insofern sehr einfach, als zwei gegebene Größen einander gegenüberstehen: das Stiftungskapital und die Zwecke, für die es verwendet werden soll; die Form des Kapitals, die Art, wie es Zinsen bringt u. s. w. hat mit der Verwendung nichts zu tun. Hier, bei der Carl Zeiß-Stiftung, liegen die Dinge wesentlich anders: Die günstige Arbeitsgelegenheit für zahlreiche Menschen ist hier **Mittel und Zweck der Stiftung zugleich, die Nutznießer der Stiftung sind zugleich ihre Erhalter und Mehrer.** Beamte und Arbeiter des Werks, Gemeinde und Hochschule, haben ihr Teil an der Schaffung der Werte; und dieselben Elemente sind es, welche die Früchte einheimsen sollen. Eine derart enge Wechselbeziehung zwischen Mitteln und Zwecken erfordert auch besondere Bestimmungen; und die Kunst besteht im wesentlichen darin, sie weder zu eng noch zu weit zu fassen.

Betrachten wir zunächst die allgemeinen Normen für die geschäftliche Tätigkeit der Stiftung!

Die gewerbliche Tätigkeit der Stiftung soll sich auf einem bestimmt umschriebenen Gebiete bewegen, in dessen Mittelpunkt natürlich Optik, Glastechnik und Instrumentenbau stehen. Hinzugefügt sind aber erstens alle jeweils erforderlichen Hilfsbetriebe und zweitens „verwandte Industrien" — eine Fassung, deren Allgemeinheit die Möglichkeit der Expansion garantiert. Was miteinander verwandt sei, die Antwort auf diese Frage verschiebt sich fortwährend, und somit ist dem Wandel der Zeiten Spielraum gelassen. Wesentlich soll nur sein, daß es sich stets um Industrien handle, welche die jetzige engere Verbindung zwischen

Technik und Wissenschaft, sei es in den Herstellungsbedingungen, sei es im Gebrauchszweck der Erzeugnisse, aufrecht erhalten. Anders geartete Unternehmungen sind, auch zum Zweck bloßer Vermögensanlage, dauernd ausgeschlossen.

Im übrigen sind gesundem Unternehmungsgeiste zur Steigerung der Wirksamkeit der Stiftung Schranken nicht gesetzt; es dürfen also neue Betriebszweige, Geschäftsstellen, Handelsniederlassungen und Unternehmungen in Szene gesetzt werden. Solche neue Betriebe dürfen aber ebensowenig wie die alten veräußert werden, sie müssen vielmehr, wenn ihre Fortführung nicht mehr angezeigt erscheint, aufgelöst werden. Der Sitz neuer Betriebe ist nicht beschränkt, er kann im In- oder Auslande sein; dagegen dürfen die Stammbetriebe niemals aus Jena oder seiner nächsten Umgebung entfernt werden.

Was das geschäftliche Ziel der Betriebe betrifft, so soll es sich nicht sowohl um möglichste Mehrung des Reingewinnes handeln, wie bei Geschäften gewöhnlicher Art; vielmehr um die Steigerung des Gesamtertrages. Man sieht hier besonders deutlich, wie sich Mittel und Zweck verknüpfen; sind doch z. B. die Löhne, anderwärts eine Last, hier ein wesentlicher Zweckteil des Ertrages; sie figurieren nicht nur auf der Verlustseite, sondern auch auf der Gewinnseite der Bilanz.

Von besonderer Wichtigkeit ist es ferner, den gesamten Ertrag im richtigen Verhältnis unter die beiden Hauptberechtigten zu verteilen, nämlich die derzeitigen Angestellten einerseits und die Stiftung andererseits; diese letztere hat Anspruch auf denjenigen Teil des Ertrages, der in der organisierten Arbeit nicht von den einzelnen, auch nicht in ihrer Gesamtheit, persönlich erarbeitet ist, sondern als Ausfluß der Organisation selbst, der durch sie erhaltenen Kontinuität aller Tätigkeit und der in ihr fortwirkenden Leistungen aller Vorgänger angesehen werden muß. Um nun hierfür die erforderlichen Unterlagen zu gewinnen, ist alljährlich auszurechnen, welchen Prozentsatz der Reinertrag von den gesamten Personalkosten ausmacht; hiervon ist der Prozentsatz der statutengemäß dem Reservefonds zuzuführenden Summe abzuziehen; der Rest ist der Nettogewinn der Organisation in seinem Verhältnis zum Arbeitsertrag des augenblicklichen Personals. Beträgt nun dieser Anteil noch mindestens ein Fünftel [und zugleich mindestens ein Zehntel der ganzen Jahresausgabe], so darf angenommen werden, daß alles in Ordnung ist; wo nicht, so ist irgend etwas „faul im Staate Dänemark", wenigstens in normalen Zeiten; und es muß durch Aenderung der Löhne oder sonstwie das gestörte Gleichgewicht wieder hergestellt werden. Wir werden Anlaß haben, hierauf noch an anderer Stelle zurückzukommen.

Schließlich ist noch eine ideale Forderung hervorzuheben. Die Unternehmungen der Stiftung sollen jederzeit neben dem Erwerb auch den allgemeinen Fortschritt der in ihnen vertretenen technischen Künste und Wissenschaftszweige im Auge behalten; sie sollen sich daher auch solcher Zwecke nach Kräften annehmen, deren Verfolgung unmittelbaren Vorteil nicht verspricht.

Die Verwaltung der Stiftung und die Vorstände ihrer Betriebe.

Das Verständnis dieser Verhältnisse wird einigermaßen erschwert durch den Umstand, daß einerseits Stiftung und Betriebe streng auseinandergehalten werden müssen, während sie doch andererseits durch Personalunion miteinander verknüpft sind; in der Praxis gestaltet sich das natürlich viel einfacher.

Für die Vertretung der Stiftung, die Verwaltung ihres Vermögens und die oberste Leitung ihrer Angelegenheiten besteht die „Stiftungsverwaltung"; wir werden naturgemäß fragen, wer zu diesem Amte auserkoren wurde. Individuelle Personen können und dürfen es nicht sein, weil nach den vorhin besprochenen Motiven das Unternehmen damit aus dem Regen in die Traufe gekommen wäre. Es mußte vielmehr eine abstrakte Persönlichkeit gefunden werden, welche den Wechsel individuellen Lebens überdauert und die Gewähr bietet, in alle Zukunft zu bestehen. Nach reiflichen Ueberlegungen zeigte es sich, daß hierfür nur eine Staatsbehörde in Betracht kommen kann, und es lag, bei dem wissenschaftlichen Charakter des Unternehmens und seinen Beziehungen zur Universität, nahe, das Großherzoglich sächsische Kultusdepartement zu wählen. Wie man sieht, gelangt auch derjenige, welcher an sich nicht geneigt ist, dem Staate mehr Aufgaben zuzuweisen, als unbedingt notwendig erscheint, im konkreten Falle dazu, sich der von ihm repräsentierten Kontinuität zu bedienen. Uebrigens ist die leitende Rolle der Stiftungsverwaltung keine direkte, sondern nur eine indirekte, und das führt uns auf eine mißverständliche Auffassung, die sich leider anfangs in weiteren Kreisen geltend gemacht hat. Das Unternehmen untersteht nämlich gar nicht direkt der Stiftungsverwaltung, es untersteht einzig und allein dem Statut, und die Verwaltung ist nur dazu berufen, für die getreue und sinngemäße Handhabung des Statuts Sorge zu tragen. Schon aus diesem Grunde kann daher nicht, wie manche gemeint haben, davon die Rede sein, das Unternehmen stehe jetzt „unter Staatsaufsicht". Dazu kommt aber noch die weitere ausdrückliche Bestimmung, daß das Kultusdepartement bei der Verwaltung der Zeißschen Angelegenheiten auf Staatsinteressen keine weiter gehende Rücksicht nehmen dürfe, als sie für jeden Privatmann gesetzlich geboten sind. Und jeder letzte Zweifel wird ausgeschlossen durch die Festsetzung, daß die Stiftungsverwaltung bei den Betrieben vertreten wird durch einen besonderen „Stiftungskommissar", der zwar vom Charakter eines öffentlichen Beamten sein muß, seine Funktion, um die es sich handelt, aber in außeramtlichem Auftrage ausübt, seine feste Remuneration dafür von der Stiftung erhält und als einzige Richtschnur das Statut gelten zu lassen hat.

Außer der Verwaltungsstelle und dem Kommissar sind zur Charakterisierung der Stiftung aber noch die Vertreter der Stiftung in den Angelegenheiten der einzelnen Betriebe zu erwähnen, und zwar für jeden Betrieb ein Bevollmächtigter und ein Stellvertreter. Diese Personen stellen die gedachte Personalunion dar, da sie zugleich der Stiftung und den betreffenden Betrieben angehören, ein Verhältnis, welches geeignet ist, etwaige Konflikte zwischen beiden Faktoren im Keime zu ersticken.

Immerhin bleibt das eine Bedenken bestehen, daß die Personen, denen die Leitung sowohl der Betriebs- wie der Stiftungsangelegenheiten obliegt, in einen Konflikt geraten hinsichtlich der Verteilung ihrer Zeit und Kraft auf beide Aufgaben; und dieser Konflikt wird natürlich um so aktueller werden, je reicher sich die Tätigkeit der Stiftung, namentlich für allgemeine Zwecke, entfaltet. Schon jetzt ist z. B. die oberste Leitung der Verwaltung des Volkshauses — s. w. u. — keine Kleinigkeit, dazu wird mit der Zeit anderes kommen, und so wird vielleicht über kurz oder lang eine gewisse Trennung dieser Verwaltungen unabweislich werden.

Die von der Stiftungsverwaltung bestellten Vorstände der Betriebe ihrerseits bestehen aus 2—4 Mitgliedern, und zwar in der Weise, daß mindestens ein Vorstandsmitglied der Optischen Werkstätte zugleich auch dem Vorstande des Glaswerks angehören muß. Besonders hervorzuheben ist, daß die Vorstandsmitgliedschaft (natürlich von dem Teilhaber am Glaswerk abgesehen) ein Ehrenamt ist, in dem Sinne, daß die Vorstandsmitglieder aus den Angestellten des Betriebes hervorgehen und, soweit ihnen die Wahrnehmung der allgemeinen Geschäftsleitung und Verwaltung noch Zeit übrig läßt, ihre spezielle Tätigkeit für das Unternehmen nach wie vor ausüben, sie hören für ihre Person nicht auf, Kollegen aller anderen Angestellten zu sein; eine übergeordnete Stellung nimmt nur die Geschäftsleitung als solche, als Kollegium, ein.

Seit dem Inkrafttreten des Statuts bis vor kurzem bestand der Vorstand des Zeiß-Werks aus den Herren Abbe, Czapski, Max Fischer (kaufmännische Leitung) und Schott. Am 1. April 1903 sah sich jedoch Abbe infolge seiner schwankenden Gesundheit und um, bei eintretender Festigung derselben, sich seinen lange zurückgestellten wissenschaftlichen Arbeiten widmen zu können, veranlaßt, aus der Geschäftsleitung auszuscheiden; durch die Aufnahme von Straubel wurde das Kollegium wieder komplettiert. Bald darauf schied Dr. Schott, um sich ganz dem Glaswerk zu widmen, aus der Geschäftsleitung der Optischen Werkstätte aus. Für das Glaswerk bildet der persönliche Mitinhaber mit einem Bevollmächtigten der Stiftung den Vorstand, mit der Maßgabe jedoch, daß nichts gegen den Willen des Mitinhabers geschehen kann. Auch das Staatskommissariat hat schon einen Wechsel der Personen erfahren: an Stelle des Geheimrats Rothe, der gegenwärtig leitender Staatsminister im Großherzogtum ist, trat Geheimrat Vollert vom Kultusdepartement. Bevollmächtigter der Stiftung endlich ist für beide Betriebe Prof. Dr. Czapski, mit Max Fischer als Stellvertreter.

Als Rechtskundiger steht der Geschäftsleitung der Rechtsanwalt Dr. Paul Fischer zur Seite.

Wie die Stiftung schon seit ihrer Begründung im Gesellschaftsverhältnis mit einem persönlichen Sozius steht, so ist auch für die Zukunft das Eingehen ähnlicher Verhältnisse offen gelassen, wie es denn auch tatsächlich noch in einem anderen Falle, der sich inzwischen erledigte, bestanden hat. Es ist aber für solche Fälle ausdrücklich festgesetzt, daß mit dem Ausscheiden des ursprünglichen Sozius aus der aktiven Teilnahme an der Leitung des Unternehmens dieses an die Stiftung zur alleinigen Vertretung und Verwaltung überzugehen habe; Verträge, welche dem entgegen wären, darf die Stiftung nicht eingehen. Der Sinn dieser Bestimmung ist deutlich: es soll die Möglichkeit offen bleiben, Mitarbeiter zu gewinnen, die außer ihren Fähigkeiten auch ihr Kapital einsetzen wollen; man muß aber, weil sonst die Grundtendenz ein Loch erhielte, verhindern, daß dieses Kapital, losgelöst von jenen Fähigkeiten, sich zum selbständigen Faktor, als welcher es zum Haupttor hinausgeschickt wurde, durch eine Seitentür wieder einschleiche.

Die Verhältnisse der Angestellten.

Wenn wir die Verhältnisse der Mitarbeiter bei der Jenaer Werkstätte und die Motive, von denen sich der Stifter in dieser Hinsicht leiten ließ, recht verstehen wollen, müssen wir ausgehen von dem Gegensatz zwischen Handwerk und Industrie und dem welthistorischen Kampf, der sich seit etwa einem halben Jahrhundert zwischen ihnen abspielt. Noch um die Mitte des 19. Jahrhunderts herrschte, in Deutschland wenigstens, das Handwerk fast unumschränkt (man vergleiche z. B. die neuesten Ausführungen hierüber von Sombart in seinem großen Werke über das moderne Kapital); gegenwärtig ist der Sieg der Industrie, d. h. des organisierten Großbetriebs gegenüber dem individuell selbständigen, handwerksmäßigen — von Spezialitäten, die ihrerseits wieder mehr nach der kunsthandwerklichen Richtung tendieren, abgesehen — bereits zweifellos entschieden. Alle Maßnahmen des Staates sollen und können nur dazu dienen, dem unterliegenden Teile goldene Brücken zu bauen, auf denen er Anschluß an den Sieger findet. Alles soziale Vorgehen des Staates und der Einzelnen sollte von der Erwägung ausgehen, wie die Vorzüge der neuen Wirtschaftsordnung voll ausgenutzt und doch ihre Nachteile möglichst unschädlich gemacht, ihre Härten möglichst gemildert werden können. Das Ziel, das verfolgt werden muß, steht jedem Einsichtigen klar vor Augen: der Stand, der als Nachfolger des Handwerkerstandes und bald als dessen einziger Erbe die wirtschaftliche Tätigkeit der Nationen zu besorgen hat, muß auf ein solches wirtschaftliches Niveau gehoben und in eine solche Rechtslage versetzt werden, daß er trotz des Verlustes der individuellen wirtschaftlichen Selbständigkeit doch befähigt sei, an Stelle des alten Handwerks eine feste, gesunde Grundlage des Volkslebens zu bilden. Das Programm lautet demgemäß: Ausbildung der Reichsgewerbeordnung und der Arbeiterschutz-Gesetzgebung zu einem wirklichen Arbeiter- und Unternehmerrecht.

Dieses Programm steht, wie man sieht, in denkbar schärfstem Gegensatz zu einem anderen, von ebenfalls hervorragender Seite befürworteten und durchgeführten Programm, das man durch das Wort „Patriarchalismus" kennzeichnen kann, und das die Verhältnisse des mittelalterlichen Handwerks einfach auf den modernen Großbetrieb übertragen möchte. Im Gegensatz zu dieser sozialen Ordnung besteht die Jenaer in dem Grundsatze, daß der Angestellte absolut frei ist, zu denken, zu tun und zu lassen, was er will, mit den beiden einzigen Ausnahmen, daß er den Gesetzen gehorche (dafür sorgt der Staat), und daß er seiner Arbeitspflicht nachkomme (dafür sorgt die Geschäftsleitung). Alle Verpflichtungen aus dem Arbeitsverhältnis beziehen sich ausschließlich auf die Leistung der vertragsmäßigen Arbeit; keinem Angestellten darf seitens des Vorstandes irgend welche sonstige Botmäßigkeit oder Rücksichtnahme direkt oder indirekt angesonnen werden. (Eine Ausnahme machen natürlich die jugendlichen Arbeiter und Lehrlinge, für welche diese Freiheit in naturgemäßem Sinne eingeschränkt ist.) Dagegen darf der Begriff der Arbeitsleistung andererseits auch nicht zu eng gefaßt werden; es versteht sich von selbst, daß in ihn alles, was zum Dienst gehört, einzuschließen ist, also alles, was sich auf Sicherheit, Ordnung und Sorgfalt in Verwaltung und Betrieb, Verkehr der einzelnen mit den Vorgesetzten, Mitarbeitern und Untergebenen innerhalb des Dienstes, überhaupt Rücksichtnahme auf alle naturgemäßen Grundlagen eines regelmäßigen Betriebes bezieht.

Um auch Einzelheiten zu erwähnen, sei angeführt, daß jeder Angestellte das Recht hat, Ehrenämter im Reichs-, Staats- oder Gemeindedienst anzunehmen und sich zur Ausübung der betreffenden Tätigkeit Urlaub (und zwar unter Fortbezug seines Lohnes oder Gehalts!) geben zu lassen; er darf auch beliebigen Vereinen, sei es geselligen, wirtschaftlichen, politischen oder irgend welchen anderen Charakters, angehören; nach seinem religiösen oder politischen Standpunkte wird nicht gefragt.

Das wichtigste hier in Frage kommende Recht ist aber natürlich das Recht der Arbeiter, sich zu koalieren und Ausschüsse zu ernennen; ja, diese Ausschüsse haben nicht nur völlige Freiheit, sich zu versammeln und über ihre Angelegenheiten zu beraten, sie haben auch das Recht, auf ihren Antrag hin in allen

Angelegenheiten des Betriebes von der Geschäftsleitung gehört zu werden.

Man wird zugeben, daß diese Bestimmungen von einem Liberalismus sind, der nicht mehr übertroffen werden kann. Es fragt sich nur, wie sich dieser Zustand idealer Freiheit in der Wirklichkeit gestaltet, insbesondere wie es an der gefährlichen Ecke aussieht, wo die beiden Straßen: Betriebsinteresse und persönliche Freiheit, aneinanderstoßen. Betrachten wir hierfür ein paar Beispiele! Jeder Angestellte darf öffentliche Aemter annehmen, so heißt es ausdrücklich; der eine wird vielleicht Reichstags-, ein zweiter Landtags-, ein dritter Gemeinde-Abgeordneter. Wie nun, wenn der Fall einer Personalunion aller drei Ehrenämter eintritt? Kann der Träger dieser drei Aemter noch irgendwie ordnungsgemäß im Betriebe mitwirken? — Die Ausschüsse haben, wie bemerkt, das Recht, in allen Angelegenheiten des Betriebs von der Geschäftsleitung gehört zu werden; wie nun, wenn diese Einladungen zu Konferenzen sich derart häufen, daß die Geschäftsleiter ihren regelmäßigen Pflichten nicht mehr nachkommen können? — Die Arbeiter dürfen (s. w. u.) Ueberstunden rundweg ablehnen; wie nun, wenn infolgedessen nicht nur wichtige Aufträge verloren gehen, sondern auch die Verbindungen der Firma dauernden Schaden leiden?

Auf diese und viele ähnliche Fragen gibt es nur eine einzige Antwort: die hier statuierte Freiheit setzt voraus, daß niemand Mißbrauch mit ihr treibe, daß die Arbeiterschaft sich auf das Niveau erhebe, auf welchem sie die persönliche Freiheit gegen die Interessen des Betriebes, dem sie doch selbst angehört, abzuwägen vermöge. Die Leiter und Beamten des Werkes nehmen auch nicht mehr Ehrenämter an, als sie mit ihren Pflichten glauben vereinigen zu können; sie leisten, wo es erforderlich ist, ihre Ueberstunden freiwillig und noch dazu unentgeltlich; sie stehen kraft ihrer Herkunft und Erziehung auf dem bezeichneten Niveau. Von den Arbeitern wird man billigerweise nicht mehr verlangen dürfen, als daß sie sich allmählich auf dasselbe erheben. Die Freiheit, die ihnen garantiert ist, soll ihnen vor allem das Mittel sein, den Gebrauch eben dieser Freiheit zu lernen.

So weit die Rechtsverhältnisse. Was andererseits die wirtschaftlichen betrifft, so ist zu unterscheiden zwischen Beamten, Zeitarbeitern und Akkordarbeitern. Die Beamten, zu denen außer den wissenschaftlichen, technischen und kaufmännischen

Mitarbeitern auch die Werkmeister gehören, beziehen festes Gehalt; die übrigen Angestellten beziehen in der großen Mehrzahl Stücklohn, und nur zum kleineren Teil (nämlich da, wo der Stücklohn sich der Ermittelung entzieht) Zeitlohn; wobei jedoch zu betonen ist, daß auch für die Akkordarbeiter ein Zeitlohn festgesetzt und als Mindestlohn zu Grunde gelegt wird[1]).

Alles dies bietet insoweit nichts Außergewöhnliches dar, zeigt aber sofort ein besonderes Gepräge, sobald man die wirklichen Zahlenverhältnisse in Betracht zieht. Der durchschnittliche Jahresverdienst eines Arbeiters, der über 24 Jahre alt und über 3 Jahre im Betrieb ist, betrug nämlich schon vor Jahren 1500 M. und ist zur Zeit auf 1900 M. angewachsen; da dies der Durchschnitt ist, wird man nicht fehlgehen, wenn man annimmt, daß zahlreiche tüchtige Arbeiter im Jahre mehr als 2000 M. und einzelne auch mehr als 2500 M. verdienen. Wenn diese Zahlen über diejenigen in anderen ähnlichen Betrieben weit hinausgehen (zumal wenn man bedenkt, daß es sich um ein Unternehmen in einer Kleinstadt handelt), so setzt sich dieses Verhältnis nicht in gleichem Maße nach oben hin, d. h. bis zu den höchstbesoldeten Beamten fort. Und zwar nicht zufällig, sondern entsprechend einer vom Stifter wohl überlegten Bestimmung, wonach kein Angestellter, die Mitglieder der Geschäftsleitung eingeschlossen, mehr an Gehalt beziehen darf als das Zehnfache von dem zur Zeit der Gehaltsfestsetzung geltenden durchschnittlichen jährlichen Arbeitseinkommen der über 24 Jahre alten und mindestens 3 Jahre im Betrieb tätigen Lohnarbeiter des betreffenden Stiftungsbetriebes; ähnlichen Einschränkungen unterliegen auch die mittleren Gehälter. Der Effekt ist also der, daß die Progression nach oben eine mäßige ist, und daß sie eine bestimmte Grenze hat, gegenwärtig bei rund 19000 M. Bekanntlich werden in anderen Betrieben nicht selten weit höhere Gehälter bezahlt, und es läßt sich darüber streiten, ob die Festlegung einer solchen Beschränkung angezeigt war. Man kann den Einwand erheben, daß ein Unternehmen, das, wie das Zeißwerk, an der Spitze eines Industriezweiges

---

[1]) Schon sehr frühzeitig, bald nach seinem Eintritt in die Firma, hat Abbe die Bedeutung der Akkordarbeit auch für die Feintechnik erkannt und, unter dem stärksten Widerstande von Carl Zeiß und den Angestellten, ihre Einführung durchgesetzt. Der Erfolg hat ihn glänzend gerechtfertigt; denn, obwohl die Akkordlöhne in Voraussicht der Steigerung der Leistung sehr vorsichtig angesetzt wurden, erzielten doch die Arbeiter fast das Doppelte des bisherigen Verdienstes.

marschiert und auch in Zukunft marschieren will, die Pflicht hat, in die leitenden Stellen stets die besten Kräfte zu berufen, die zu haben sind, auch wenn sie nur unter materiellen Opfern zu haben sind; dieses Opfer macht sich ja rasch bezahlt. Warum soll ein hervorragend berufstüchtiger Mann nicht nebenbei Kunst- oder Sportliebhaber sein? Und die Menschen muß man nehmen wie sie sind; man kann ihnen nicht nach Belieben Glieder abschneiden, ohne den ganzen Organismus zu schädigen; man darf ihnen nicht ihre Liebhabereien abschneiden, ohne möglicherweise auch ihre Berufsfreudigkeit zu beeinträchtigen. Solche Erwägungen sind gewiß der ernstesten Beachtung wert, und der Stifter hat sich ihnen sicherlich nicht verschlossen. Entscheidend für ihn aber sind jedenfalls die sozial-psychologischen Uebelstände gewesen, die es im Gefolge haben muß und erfahrungsgemäß hat, wenn in einer Arbeitsgemeinschaft ein einzelner Bezüge hat, die sich zu schwindelnder Höhe erheben. Im Geiste der ganzen Stiftung liegt es jedenfalls, keine über ein gewisses Maß hinausgehenden Gegensätze zu statuieren; und der Gegensatz, der durch das Verhältnis 1:10 ausgesprochen ist, ist nach des Stifters Meinung schon groß genug.

Uebrigens erfährt das so fixierte Jahreseinkommen der Geschäftsangestellten noch eine gewisse Erhöhung durch eine Einrichtung, die wir für sich besprechen müssen.

Die Gewinnbeteiligung.

Wir müssen sie für sich besprechen, nicht wegen ihrer allgemeinen Bedeutung oder deshalb, weil ihr der Stifter des Statuts eine solche beilegte, sondern im Gegenteil, weil sie von Außenstehenden häufig quantitativ und qualitativ mißdeutet wird und eine Richtigstellung sehr am Platze ist.

Von Personen, die von der besonderen Organisation des Zeiß-Werks in Jena erfahren haben, hört man, — falls sie nicht geradezu meinen, das Werk „gehöre den Arbeitern" — häufig die Bemerkung, das Charakteristische dieser Organisation sei doch wohl die „Gewinnbeteiligung der Arbeiter". Daran ist so ziemlich alles falsch. Denn erstens ist es eine Gewinnbeteiligung aller Angestellten (mit einer noch zu erwähnenden Ausnahme), zweitens gehört sie nicht wesentlich zur Organisation, weil sie nicht ein primäres, sondern ein bedingtes Glied des Statuts ist, und endlich ist sie wohl charakteristisch für die strenge Logik des Statuts und seines Urhebers, aber in einem ganz anderen Sinne, als jene meinen.

Das Problem der Gewinnbeteiligung im allgemeinen zu erörtern ist hier nicht der Ort. Die Brennpunkte der Frage aber können wir an der Hand eines von Abbe im Jahre 1897 in der staatswissenschaftlichen Gesellschaft zu Jena gehaltenen Vortrags wenigstens kurz betrachten. Man kann, was die Tendenz betrifft, drei Arten von Gewinnbeteiligung unterscheiden. Erstens diejenige, welche allmählich zur Genossenschaftsbildung hinüberleiten soll; wie man zu ihr steht, läuft darauf hinaus, wie man zur Frage genossenschaftlicher Betriebe steht, bei denen also die Gesamtheit der Arbeitstätigen zugleich den Prinzipal darstellt. Die Erfahrung aber hat gelehrt, daß die Lebensfähigkeit solcher Organisationen auf Fälle beschränkt ist, wo das Zusammenarbeiten vieler möglich ist ohne feinere Organisation, ohne weitgehende Gliederung der Funktionen und ohne Vereinigung sehr heterogener Elemente. Zweitens die Gewinnbeteiligung im Interesse sparsamen Umgehens mit Zeit und Arbeitsmitteln, also im Interesse erhöhten Gewinns des Unternehmers, wovon er dann dem Arbeiter einen — meist sehr bescheidenen — Teil abgibt. Es handelt sich hier eher um eine Art von Prämiensystem, das aber sehr unvollkommen wirkt und, konsequent verfolgt, einfach zum Gedanken des Akkordlohns führt. Die dritte Art der Gewinnbeteiligung ist die, welche z. B. von Freese empfohlen wird als „eines der wirksamsten Mittel zur Hebung der wirtschaftlichen Lage des Arbeiterstandes und das wirksamste Mittel zur Versöhnung von Arbeiter und Unternehmer". Das klingt sehr schön; bei Licht besehen verschwindet aber der ganze Zauber. Denn da bei der heute geltenden Wirtschaftsordnung der Lohn sich einfach nach Angebot und Nachfrage richtet, so braucht die Gewinnbeteiligung durchaus nicht etwas Hinzukommendes zu sein, im Gegenteil, sie wird den Lohn herabdrücken, es wird sich jetzt die Größe: Lohn plus Gewinnanteil nach Angebot und Nachfrage richten, und der Arbeiter hat etwas Unsicheres gegen etwas wenigstens für die laufende Zeit Sicheres eingetauscht. Für den Unternehmer hat die Einrichtung den Vorteil eines sozialen, menschenfreundlichen Anstrichs, indem es so aussieht, als ob er dem Angestellten freiwillig etwas abtrete.

Wie man sieht, stand Abbe der Gewinnbeteiligung nicht eben freundlich gegenüber, und doch hat er sie in sein Statut aufgenommen. In das Statut allerdings nur in Form ihrer Zulässigkeit, nicht als garantierte Verpflichtung; mit der Meinung jedoch, daß sie — wenn die Jahresergebnisse es erlauben — auch wirklich gewährt werde. Wie ist dieser Widerspruch zu erklären? Was hat Abbe umgestimmt? Die Antwort knüpft an den obigen Passus von der heute geltenden Wirtschaftsordnung, besser von dem heute geltenden Arbeitsrecht, an. Dasselbe kümmert sich um Lohnfragen nicht. Aber es hindert natürlich nicht, daß Lohnfragen privaterseits statutarisch festgelegt werden; und das ist eben im Statut der Carl Zeiß-Stiftung der Fall. Der Zeitlohn, den bei Zeiß einer einmal erreicht und ein Jahr lang bezogen hat, kann auch bei schlechtem Geschäftsgange nicht herabgesetzt werden, und auch indirekt, auf dem Wege der Kündigung, nicht ohne große Opfer — s. w. u. Da nun die Löhne in guten Zeiten aus moralischen Gründen und um nicht gerade jetzt Arbeiter zu verlieren, in die Höhe gesetzt werden müssen, so gelangt man zu einer Lohnentwickelung, vergleichbar mit einem Rad mit Sperrklinke, das sich nur vorwärts drehen läßt, nicht rückwärts. Hat man einmal zu weit vorwärts gedreht, oder hat man überhaupt, durch vorübergehende Umstände geleitet, vorwärts gedreht, wo man dies hätte unterlassen sollen, so kann man einen solchen Fehler nicht wieder gut machen, und die Folge wird eine außerordentliche finanzielle Schädigung des Unternehmens sein. Das radikale Mittel hiergegen ist natürlich, die Sperrklinke von vornherein ganz wegzulassen, in glänzenden Zeiten den Lohn über das Mittel zu erhöhen, in schlechten Zeiten ihn unter das Mittel hinabzusetzen. Aber gibt es denn kein weniger radikales Mittel? Genügt es nicht, das große Rad mit der Sperrklinke beizubehalten, außerdem aber in den Mechanismus ein kleines Freirad einzufügen, das sich hin- und herdrehen läßt?

So ergibt sich als theoretisch notwendige Konsequenz aus dem Statut der Carl Zeiß-Stiftung die Zerlegung des Arbeitsertrages (Gehalt oder Lohn) in zwei Teile:

1) einen festen und unwiderruflichen,
2) einen vom Jahresertägnis abhängigen, schwankenden.

Und wenn man die ganze Frage jetzt nochmals überschaut, so kommt man zu einem eigentümlichen Ergebnis hinsichtlich des prinzipiellen Unterschiedes zwischen Betrieben mit gewöhnlichen Verhältnissen und dem Zeißschen: er besteht nicht darin, daß dort keine, hier aber Gewinnbeteiligung besteht, sondern, von der äußeren Form abgesehen, vielmehr darin, daß dort Gewinn- und Verlustbeteiligung, hier dagegen ausschließlich Gewinnbeteiligung besteht.

Uebrigens ist zu bemerken, daß der Ausdruck „Gewinnbeteiligung" offiziell vermieden ist und durch den weniger programmatischen und doch sachgemäßen: „Gehalt- und Lohnnachzahlung" ersetzt wird. Sie kommt — mit einer Ausnahme (s. w. u.) — allen Angestellten in gleichem Maße zu gute, d. h. sie wird als ein bestimmter Prozentsatz des von dem Betreffenden im abgelaufenen Jahre bezogenen Gehalts oder Lohnes festgesetzt. Die Höhe dieses für alle gleichen Prozentsatzes richtet sich nach der Höhe des Reingewinns, genauer nach der über das für die Stiftung zu reservierende Mindestmaß an Ertrag überschießenden verfüglichen Summe (vgl. oben).

Ist, wie gesagt, bei dem hier getroffenen Modus der Verteilung des Arbeitsertrages alles theoretisch in schönster Ordnung, so liegen in der Praxis, dank der eigentümlichen Konstitution der menschlichen Seele, die Dinge doch ein wenig anders; und es bedarf auch hier der Erziehung der Beteiligten, um sie, unter Ueberwindung störender Gefühle, für das volle Verständnis der Einrichtung reif zu machen. Denn der Mensch hat bekanntlich auf den verschiedensten Gebieten, physischen wie geistigen, eine Empfindung nicht sowohl für die Größen selbst, als vielmehr für ihre zeitliche Aenderung; und so wird der Arbeiter eine Dividende von 5 Proz. nach einer solchen von 10 Proz. als einen Verlust empfinden, und er wird sich — natürlich unberechtigterweise — geschädigt fühlen, wenn er in einem Jahre gar keine Dividende erhält. Das hat sich auch bei Zeiß gezeigt. Die Nachzahlung hatte in den Jahren 1896 bis 1902 stets zwischen 5 und 10 Proz. betragen, im Durchschnitt 9 Proz.; d. h. es kam ungefähr ein 13. Monatsgehalt bezw. Monatslohn hinzu. Als nun bekannt wurde, daß für 1903 eine Nachzahlung nicht stattfinden könne, da machten sich bei einer großen Zahl von Angestellten Zeichen einer Mißstimmung Luft, die erkennen ließen, daß man sich um ein gutes Recht gebracht glaubte. Man hatte vielfach auf die Nachzahlung und mit ihr fest gerechnet; der eine erklärte, nunmehr keine Weihnachtseinkäufe machen, der andere gar, seine Schulden nicht bezahlen zu können. Als ob bei Zeiß der feste Lohn für sich nicht schon beträchtlich höher wäre als anderwärts, und als ob die Nachzahlung nicht den naturgemäßen Zweck einer Vorsorge für außergewöhnliche Fälle hätte. Auf Grund der hier gemachten Erfahrung kann man es als Außenstehender, als Beobachter mit sozialökonomischen Interessen, nur als eine glückliche Fügung bezeichnen, daß der verteilbare Gewinnanteil sich auch einmal auf null reduzierte; denn je später dieser Fall eintrat, desto unangenehmer mußten die Wirkungen werden, mit denen er in die seiner nicht mehr gewärtigen Gemüter hineinplatzte. Inzwischen ist der Gewinnanteil allmählich wieder auf 10 Proz. gestiegen [1]).

Eine andere Frage ist allerdings die, welche Gründe ein Rückgang oder gänzlicher Ausfall der Nachzahlung haben kann; und das führt zu einer so wichtigen und interessanten Beziehung, daß wir ihr ein paar Worte widmen wollen.

Nun wird man sagen: das ist doch ganz klar, die Ursache ist der schlechtere oder gar schlechte Geschäftsgang. Ganz richtig, das wird die nächstliegende und im allgemeinen wohl auch häufigste Ursache sein. Aber in den beiden Fällen, die bis jetzt eingetreten sind, Rückgang von 10 auf 5 Proz. (1897) und gänzlicher Ausfall (1903) lag dieser Grund nicht vor, oder doch mindestens nicht als ausschlaggebender; ist doch das Zeißwerk bisher von „schlechten Zeiten" dank seiner unablässig vermannigfaltenden Ausgestaltung verschont geblieben. Der wahre Grund lag vielmehr darin, daß die Akkordsätze zum Teil unvernünftig hoch waren. Daß sie das waren, hat sich bei der näheren Prüfung herausgestellt; auf den Gedanken aber, das zu prüfen, ist man gerade durch den Umstand geführt worden, daß die Nachzahlung, die sich beim Abschluß als verteilbar erwies, die Geschäftsleitung selbst enttäuschte; man hatte, auf Grund des Geschäftsganges, anderes erwartet, und fragte sich nun, wo der Fehler stecken könne. Er lag einfach darin, daß die Gewinnbeteiligung schon im Laufe des Jahres in Gestalt von zu hohen Akkordlohnsätzen realisiert worden war. freilich zu Gunsten eines Teiles der Akkordarbeiter und zu Ungunsten aller übrigen Angestellten, die nun leer ausgingen. **So zeigt sich, daß die Gewinnbeteiligung, außer der ersten, noch eine andere, für die Geschäftsleitung höchst wichtige Funktion ausübt: sie ist das Barometer für richtige Akkordsätze und**

---

[1]) Uebersicht über den nachträglichen Lohn- bezw. Gehaltszuschlag:

1896	1897	1898	1899	1900	1901	1902	1903	1904	1905	1906
8	5	9	10	10	10	8	0	5	9	10

sonstige Ausgaben (Unkosten), und sie gibt ein Signal für deren Aenderung, falls sie unrichtig sind.

Man sieht jetzt, daß man für die Akkordarbeiter die oben aufgestellte Zweiteilung des Arbeitsertrages durch eine **Dreiteilung** ersetzen kann:

1) **fest und unwiderruflich: Zeitlohn,**
2) **vom Einzelnen abhängig: Akkordzuschlag,**
3) **vom Ganzen abhängig: Gewinnanteil.**

Die einzigen Personen, die von dem Empfange des Gewinnanteils ausgeschlossen sind, sind die Mitglieder der Geschäftsleitung, also diejenigen, welche bei einem in den üblichen wirtschaftlichen Formen auftretenden Unternehmen, z. B. bei den Aktiengesellschaften, oft gerade die einzigen sind, welche Tantiemen erhalten. Das Motiv für diese Bestimmung, die auf den Außenstehenden gewiß zunächst fremdartig wirkt, ist in dem Umstande zu suchen, daß dem Vorstande die Festsetzung des Etats und der Bilanz obliegt, mit allen seinen Einzelheiten, als da sind: Zeitlöhne und Akkordlöhne, Reservestellung, Dotierung der verschiedenen Kassen, Verkaufspreise der Erzeugnisse u. s. w. Der Vorstand hat es also in der Hand, den Reingewinn, der für die Gewinnbeteiligung maßgebend ist, innerhalb gewisser Grenzen heraufzuschrauben oder herabzudrücken, und er könnte auf den Gedanken verfallen, das erste zu tun, um einen großen Gewinnanteil festsetzen zu können, der dann zwar allen auf Gehalt gestellten, also auch den Vorstandsmitgliedern selbst, unverkürzt zu gute käme, den Lohnarbeitern aber eventuell nur mit seinem Ueberschuß über die Herabminderung der Lohnsätze, ein Ueberschuß, der unter Umständen sogar negativ ausfallen könnte. Dieser strengen Logik der Bestimmung gegenüber erscheint der Einwand nicht unberechtigt, daß sie das Prinzip des ethischen Optimismus, auf dem im übrigen die ganze Organisation beruht, den Vorstandsmitgliedern gegenüber durchbricht. Ja, selbst die Logik könnte man mit dem Einwande angreifen, daß im Statut selbst Garantien enthalten sind für die Aufstellung der Bilanz, unabhängig von Erwägungen der oben angedeuteten Art. Eine größere Bedeutung hat übrigens die Bestimmung offenbar nur in formaler und prinzipieller Hinsicht; denn tatsächlich würde die Hinzufügung des Gewinnanteils zu den Gehältern der Vorstandsmitglieder an der Tatsache, daß sie gegenüber den entsprechenden in anderen Unternehmungen niedrig sind, nichts ändern.

Von einer anderen im Statut vorgesehenen besonderen Honorierung dagegen sind auch die Vorstandsmitglieder nicht ausgenommen. Es betrifft dies den Fall besonderer erfinderischer, technischer oder wirtschaftlicher Betätigung eines Angestellten (Beamten oder Arbeiters), welche der Firma pekuniäre Vorteile zuführt; hiervon soll der Urheber einen angemessenen Anteil erhalten. Es ist dies übrigens eine Bestimmung, von der man das Gefühl hat, daß sie der Stifter als eine Konzession an die herrschende Auffassung betrachtet haben mag; denn wie er selbst seine gesamte Intelligenz in den Dienst des Unternehmens stellte, so verlangte er dies mit Recht auch von jedem seiner Mitarbeiter, und es ist streng genommen ein Widerspruch, wenn es heißt: du sollst alles Erdenkliche, was du kannst, für das Unternehmen tun; wenn du aber etwas Besonderes tust, bekommst du eine Prämie. Indessen muß man doch im praktischen Leben der Logik die Psychologie gegenüberstellen, und die letztere stellt es als angemessen hin, demjenigen, welcher für das Unternehmen, dem er dient, einen außerordentlichen Vorteil inauguriert hat, einen Anteil an diesem Vorteil zuzuerkennen. Tatsächlich ist denn auch von dieser Bestimmung schon ausgiebiger Gebrauch gemacht worden, und es wird auch in Zukunft entsprechend verfahren werden; eine Tatsache, die gegenüber dem Mythus von der spartanischen Strenge der Carl Zeiß-Stiftung in derartigen Fragen hervorgehoben werden muß. Die Einrichtung hat übrigens neuerdings eine Erweiterung, sozusagen nach unten hin, erfahren; es sind nämlich Prämien ausgesetzt für Vorschläge, betreffend Verbesserungen irgend welcher Art im Betriebe; und zwar sind diese Vorschläge namenlos, nur von einem Kennwort begleitet, einzureichen, so daß sie rein sachlich geprüft werden können.

Das Verhältnis zwischen Unternehmer und Arbeiter.

Werfen wir, ehe wir zu besonderen Fragen übergehen, einen Rückblick auf das Wesen der Carl Zeiß-Stiftung und des in ihrem Besitze befindlichen Zeißwerkes. Denn eine so neuartige Organisation, wie sie die von Abbe ersonnene ist, läßt sich schwer in ihrem inneren Wesen übersehen, und man tut gut, sie von verschiedenen Seiten her zu beleuchten, um sich darüber klar zu werden, wie sie sich von anderen Gebilden unterscheidet und was sie etwa mit ihnen gemein hat. Abbe selbst hat aus einem der oben erwähnten Anlässe mit der ihm eigenen klaren Eindringlichkeit versucht, seinen Leuten in mehr volkstümlicher Weise, als das Statut abgefaßt ist, einen Begriff von dem Gemeinwesen zu geben, dem sie angehören; daß der Versuch nur teilweise erfolgreich gewesen ist, darf nicht allzusehr wundernehmen, wenn man bedenkt, daß selbst Gebildete, auch nach längeren Darlegungen, oft mit Zähigkeit an irrigen Vorstellungen über diese Organisation festhalten.

Welches ist also bei Zeiß das Verhältnis zwischen Unternehmer und Arbeiter? Zwischen der Firma als Trägerin, Repräsentantin und Inhaberin des Betriebes und der Gesamtheit der in ihm arbeitstätigen Personen, zu welch' letzterer natürlich die Geschäftsleiter und die wissenschaftlichen Mitarbeiter ebenso gehören wie die an der Drehbank oder am Schraubstock Tätigen? Wenn man sich dieses Verhältnis, unter aufmerksamer Lektüre der Titel 3, 4 und 6 des Statuts, klar macht, so kommt man zu dem Resultate, daß die Optische Werkstätte nichts anderes ist als eine Produktivgenossenschaft. Der Inhaber der Firma ist kein Mensch, auch nicht eine Mehrzahl von Menschen, sondern eine **juristische Person**, nämlich die Stiftung. Und diese juristische Person ist nicht, wie bei Aktiengesellschaften, die Vertreterin eines fremden Kapitals — das gibt es hier nicht, der Betrieb erzeugt sich und mehrt sich das Kapital selbst (freilich auf Grund einer, wenn auch vom Stifter nicht als solchen bezeichneten Schenkung). Mit anderen Worten: Das Kapital ist hier nicht Herr der Arbeit, sondern Diener der Arbeit; es ist ein Kollektivbesitz der Gesamtheit der im Betriebe Tätigen; ein Besitz freilich, an dem sie nur das Genußrecht, nicht aber das Veräußerungsrecht haben.

Welches Interesse vertritt nun die Firma, wenn es ein unabhängiges Kapital nicht gibt? Sie vertritt das Interesse der Gesamtheit aller Genossen gegenüber dem jedes einzelnen, die Dauerinteressen gegenüber den jeweiligen Interessen. Sie steht den Angestellten ebenso gegenüber wie eine Gemeinde ihren Bürgern. Sie hat nicht bloß für die Gegenwart, auch nicht bloß für die jetzige Generation, sondern für die Zukunft zu sorgen. Sie hat also im besonderen die Verteilung des Arbeitsertrages zu regeln und dabei den Lebenden zu geben, was ihnen, und der Firma vorzubehalten, was dieser zukommt.

Es fragt sich nun, wer diese Verteilung, und im Zusammenhange mit dieser Aufgabe alle übrigen allgemeinen Aufgaben für die Firma, die doch nur ein Begriff ist, in der Wirklichkeit ausführen soll. Da ist nun sofort eine Einschränkung oder vielmehr eine engere Fassung des vorhin gebrauchten Wortes „Genossenschaft" vorzunehmen. Bei der üblichen, durch die Erfahrung mit einem traurigen Nimbus umgebenen Form der Genossenschaft bestimmen die Genossen selbst, durch einen gewählten Vorstand, Ausschuß oder Aufsichtsrat, jene Dinge. Das ist hier, und zwar glücklicherweise, nicht der Fall; glücklicherweise — denn alle die Schritte, durch welche die Firma im Laufe eines Vierteljahrhunderts groß geworden ist, würden dann nie zu stande gekommen sein, aus Mangel an Einigkeit, an Sachverständnis, an Ueberblick über das Ganze u. s. w. Die Leitung eines Werkes muß von dem Willen der einzelnen unabhängig, sie darf nur dem Ganzen verantwortlich sein. Also, um jene Beschränkung zu formulieren: **Die optische Werkstätte ist eine Produktivgenossenschaft, aber nur hinsichtlich der wirtschaftlichen Interessen, nicht auch in Hinsicht auf Verwaltung und Leitung.**

Und wie läßt sich nun ermitteln, was von dem Jahresertrage zu verteilen und was, als Kollektivbesitz, zurückzubehalten ist? Das ist ja nun ein im einzelnen sehr schwieriges Kapitel; aber in einer durch ihre Einfachheit verblüffenden Weise zeigt uns Abbe, wie man zu einem Ueberschlag dieser Anteile kommen kann. Kollektivertrag ist erstens alles, was man der allgemeinen Organisation, dem Zusammenarbeiten vieler, verdankt; zweitens alles, was aus der feineren Organisation, den Maschinen u. s. w. fließt; drittens alles, was eine Folge von Patentschutz ist (diesen Teil kann man aus dem Ertrage der Lizenzen annähernd berechnen); dazu kommt dann wohl noch so manches andere, was nicht Verdienst der Arbeit des einzelnen ist. Auf diese Weise gelangt man zu dem Ergebnis, daß mindestens ein Viertel, richtiger aber ein Drittel des Ertrages dem Kollektivbesitz zuzuführen ist, teils zur Mehrung desselben, teils zur Garantie für die zukünftigen Verpflichtungen (s. w. u.).

Die Arbeitszeit.

Die Frage der täglichen Arbeitszeit ist bekanntlich nicht nur eine der wichtigsten Spezialfragen der Wirtschaftslehre, sie steht auch in enger Beziehung zu den sozialen Prinzipienfragen überhaupt. Denn der soziale Kampf ist wie jeder Kampf etwas, das zwischen zwei Parteien ausgefochten wird, und es fragt sich nur, wer diese zwei Parteien sind. Darauf gibt es drei verschiedene Antworten. Die erste und nächstliegende, aber auch trivialste, lautet: Arbeitgeber und Arbeitnehmer; die zweite entspricht der Parole der bürgerlichen Parteien im landläufigen Sinne des Wortes und besagt: es ist ein Kampf der Arbeitgeber und der mit ihnen durch gemeinsame Interessen verbundenen vernünftigen Arbeitnehmer gegen die unvernünftigen Arbeiter. Die dritte Auffassung endlich, und das ist die, welche den Ausgangspunkt für die gesamte soziale Ideenarbeit Abbes bildet, lautet: Kampf aller Vernünftigen auf beiden Seiten gegen alle Unvernünftigen auf beiden Seiten. Das Cararakteristische dieses letzten Standpunktes ist offenbar die Zerstörung der in dem vorhergehenden enthaltenen Fiktion, als ob es zwar vernünftige und unvernünftige Arbeitnehmer gäbe, aber nur vernünftige Arbeitgeber.

Gerade die Frage des Arbeitstages bietet ein vortreffliches Schulbeispiel für diese Gruppierung dar. Die Anhänger der ersten Auffassung meinen, im Interesse des Arbeitgebers liege ein möglichst langer, im Interesse des Arbeitnehmers ein möglichst kurzer Arbeitstag, wobei natürlich stets unveränderter Tageslohn vorausgesetzt wird. Die Arbeitgeber der zweiten Gruppe, die Patriarchen, sagen zu ihren Arbeitern: wir wollen euch ein Opfer bringen; aber ihr dürft nicht unvernünftig sein und ein zu großes Opfer verlangen. Beide Auffassungen gehen stillschweigend von der Voraussetzung aus, daß, was für eine Partei vorteilhaft ist, für die andere notwendig nachteilig sein müsse. Diese Voraussetzung mußte doch erst geprüft werden; nun, Abbe hat sie geprüft und gefunden, daß sie zu verneinen ist. Zu kurze Zeit ist für das Unternehmen nachteilig, zu lange für den Arbeiter; aber zwischen beiden Extremen liegt ein Optimum, das für beide Kontrahenten gleich vorteilhaft ist, und es kommt lediglich darauf an, dieses Optimum wissenschaftlich zu ermitteln, um es dann der Arbeitsordnung zu Grunde zu legen. Für die verschiedenen Fabrikationszweige, ja auch für die verschiedenen Milieus kann und wird dieses Optimum verschieden sein, es wird in der Weberei ein anderes als in der Elektrotechnik, in der Weltstadt ein anderes als auf dem Lande sein; aber für jeden konkreten Fall gibt es ohne Zweifel ein solches Optimum, bei dem beide Teile am besten fahren:

die Arbeiter, weil sie Leben und Gesundheit schonen und Zeit haben, ihre Kräfte Tag für Tag zu regenerieren, das Unternehmen andererseits, weil es von derartig geschonten Arbeitern reichliche und gute Arbeit geliefert erhält und an mechanischer Betriebskraft spart.

An einer früheren Stelle haben wir Gelegenheit genommen, auf das Unternehmen als solches den alten Spruch: „Rast' ich, so rost' ich" anzuwenden. Aber wie fast jedem Sprichwort kann auch diesem ein entgegengesetztes zur Seite gestellt werden, das in seinem Sinne, hier nämlich auf die einzelnen Mitarbeiter angewendet, ebenso wahr ist: „Rast' ich, so rüst' ich"; und kein vernünftiger Arbeitgeber sollte seine Truppen eher mobil machen, als nach einer Pause, die zur völligen Rüstung ausreicht.

In einem Vortrage, den Abbe an zwei Sitzungsabenden der staatswissenschaftlichen Gesellschaft zu Jena im Jahre 1901 gehalten hat, hat er das Problem der **Verkürzung des industriellen Arbeitstages** an der Hand eigener Erfahrungen und Ideen in unvergleichlich tiefer und zugleich überzeugend klarer Weise behandelt; was sich davon in knappem Rahmen wiedergeben läßt, wollen wir hier kurz skizzieren.

Zu Anfang des Jahres 1900 wurde unter den Angestellten des Zeißwerkes eine Abstimmung herbeigeführt über die Frage: **Wer traut sich zu und ist zugleich gewillt, in 8 Stunden dasselbe zu leisten wie bisher in 9 Stunden?** Eine Sechssiebentel-Majorität erklärte sich für das Experiment, und infolgedessen der Achtstundentag, zunächst probeweise auf ein Jahr, eingeführt. Das Ergebnis war überaus befriedigend. Es wurde nämlich die Leistung von 253 Akkordarbeitern — bei den übrigen ließ sich aus den verschiedensten Gründen eine exakte Vergleichung nicht durchführen — vor und nach der Aenderung verglichen, und es stellte sich heraus, daß diese Leistung nicht nur nicht gefallen, sondern sogar um etwa 4 Proz. gestiegen war; anders ausgedrückt: der Stundenverdienst hätte, um nach wie vor denselben Tagesverdienst zu liefern, um 12 Proz. steigen müssen, er war aber sogar um 16 Proz. gestiegen. Und zwar gilt das für jede Altersklasse und (mit einer, nicht ganz sicheren Ausnahme) für jede Betriebsabteilung für sich genommen, obwohl hierbei sehr verschiedenartige Tätigkeiten in Betracht kommen. Gleichzeitig war auch die reine Nutzleistung der Maschinen (nach Abzug des Leerlaufs) erheblich gewachsen.

Noch interessanter vielleicht als diese statistische Untersuchung verlief eine sozusagen psychologische, die unter der Hand ausgeführt wurde und dadurch ganz besonders beweiskräftig wird, daß ihr Resultat, objektiv genommen, zu dem subjektiven Gefühl der Beteiligten im Gegensatze steht, also auch nicht subjektiv beeinflußt sein kann. Die Leute erklärten nämlich auf Befragen, sie hätten sich allerdings in der ersten Zeit des Achtstundentags gewaltig angestrengt, um nichts an Verdienst einzubüßen; sie hätten das aber nicht lange ausgehalten und wären nun zum alten Tempo zurückgekehrt; sie bäten demgemäß zum Neunstundentag zurückzukehren, da sie sich sonst um soviel ungünstiger ständen. Nun ergaben aber die Akkordlisten, daß die Leute allerdings in den allerersten Tagen abnorm viel geleistet und dann nachgelassen hatten; aber worauf sie sich nun eingestellt hatten, war nicht, wie sie erwähnten, das alte Stundentempo, sondern die alte Tagesleistung und sogar noch etwas mehr; sie hatten nur sehr rasch das Gefühl dafür verloren. Daraus folgt aber zur Evidenz, daß zwar abnorme Tempobeschleunigung eine Ueberanstrengung bedeutet, nicht aber diejenige, sozusagen normale Tempobeschleunigung, welche der gleichen Tagesleistung entspricht.

Wo liegt die Erklärung für diese merkwürdige, zugleich objektive und subjektive Tatsache? Sie gilt, wie namentlich auch in England festgestellt wurde, für die verschiedensten Arten von Tätigkeit, nur nicht gerade immer mit denselben Stundenzahlen, 8 und 9, wie hier. Die Erklärung kann daher nur eine ganz allgemeine, in der menschlichen Natur begründete sein.

Hier kommen wir nun an den Punkt, wo Abbe sein statistisch-psychologisches Gebäude durch ein theoretisches, ebenso einfaches wie geniales Gesetz krönte. Er faßt dieses Gesetz in eine mathematische Gleichung zusammen, in ein Postulat, das besagt: gerade wie der Mensch, um nicht finanziell bankerott zu werden, seine Einnahmen mit seinen Ausgaben ins Gleichgewicht setzen muß, so muß der Arbeiter dies mit seinen Kräften tun. Wenn er dauernd mehr Kraft ausgibt als ergänzt, die Differenz sei noch so klein, so muß er, da viele Wenig ein Viel ergeben, mit der Zeit zu Grunde gehn. Unsere Gleichung, unser Gesetz lautet also:

$$\text{täglicher Kräfte-Verbrauch} = \text{täglicher Kräfte-Ersatz}$$
$$V = E;$$

oder auch mit volkstümlicheren Ausdrücken: Ermüdung gleich Erholung. Das ist die „Bedingungsgleichung für das physiologische Gleichgewicht der industriellen Arbeitsleistung". Das ist ja nun, in dieser vagen Allgemeinheit, eine recht gewöhnliche Weisheit; zu ungeahnter Höhe aber erhebt sie sich durch die Erkenntnis, daß den beiden Größen V und E eine streng wissenschaftliche, speziell physiologische Bedeutung zukommt, und daß man diese beiden Größen durch geeignete Analyse auf ihre Grundfaktoren zurückführen kann. Ermüdung ist nichts anderes als Verbrauch von Stoffen, die dem Organismus unentbehrlich, und Anhäufung von anderen Stoffen, die ihm schädlich sind, die auf die Dauer als Gifte wirken. Genau das Umgekehrte findet bei der Erholung statt. Und damit die Umkehrung vollständig sei, muß eben E gleich V sein.

Die Ermüdung, also die Größe V, setzt sich nun aus drei deutlich abgegrenzten Teilen zusammen. Der erste ist lediglich bestimmt durch die Größe des täglichen Arbeitsproduktes; der zweite ist abhängig von der Geschwindigkeit, mit der die Arbeit geleistet wird; der dritte und für unser Problem wichtigste Teil aber ist die Ermüdung während der Arbeitspausen, während des tropfenweisen Ausruhens, während des unproduktiven Herumstehens oder Sitzens in dem Lärm, der Unruhe, der relativ schlechten Luft der Fabrik, u. s. w. Diese sekunden- oder minutenweisen Pausen summieren sich nicht, sie stellen daher auch nicht Elemente einer Erholung dar; im Gegenteil, sie sind ein weiteres und gänzlich überflüssiges Glied der Ermüdung. Man kann dieses Glied von V nicht treffender charakterisieren, als indem man es mit dem Leergang einer Maschine vergleicht und als Leergang des Arbeiters bezeichnet.

Man sieht nun ein, zu welcher Konsequenz unsere Gleichung führt. Die Arbeitszeit ist nach und nach soweit zu verkürzen, als die beiden dabei erzielten Gewinne: längere Erholung und geringerer Leergang, zusammen noch größer sind als der Schaden durch zu sehr gesteigertes Tempo. Die Grenze, zu der man so gelangt, ist das Optimum der täglichen Arbeitszeit. Natürlich wird dieses Optimum für verschiedene industrielle Tätigkeiten verschieden ausfallen; erstens je nach der Schwierigkeit und anstrengenden Natur der Arbeit, dann aber auch wegen des sehr verschiedenen Spielraums, in dem sich das Arbeitstempo überhaupt bewegen kann, da es doch nicht nur vom Arbeiter, sondern auch von den Maschinen und anderen Umständen abhängt. Von je höherem Charakter die Arbeit ist und je mehr Einfluß der Arbeiter auf das Tempo hat, desto kleiner wird die Stundenzahl des Optimums sein. Die Erfahrungen bei Zeiß, in anderen optischen, elektrischen, Maschinenbetrieben u. s. w. lehren nun, daß für einen sehr großen Teil der industriellen Arbeiter das Optimum bei 9 Stunden noch nicht erreicht und bei 8 Stunden noch nicht merklich überschritten ist. Damit ist für diese Fälle der Achtstundentag wissenschaftlich gerechtfertigt, d. h. es ist nachgewiesen, daß er für beide Teile, Unternehmen und Angestellte, am vorteilhaftesten ist; für jenes und diese, weil die Kräfte aller Mitarbeiter auf der Höhe erhalten werden, für das Unternehmen selbst außerdem noch deshalb, weil es Betriebsmittel und Spesen spart.

Im einzelnen kann hier auf das interessante Problem nicht eingegangen werden; nur zwei Punkte seien noch erörtert. Es wurde oben für die Akkordarbeiter angegeben, wie die Leistung nach der Verkürzung des Arbeitstages nicht ab-, sondern sogar noch zunahm. Für die im Zeitlohn stehenden Arbeiter läßt sich eine entsprechende Berechnung nur indirekt aus den Maschinenleistungen ableiten, und man kommt dann zu dem Ergebnis, daß auch hier keine merkliche Abnahme zu konstatieren ist; immerhin liegen die Verhältnisse für die Zeitarbeit lange nicht so günstig wie für die Akkordarbeit — ein beinahe selbstverständliches Ergebnis. Die Verkürzung des Arbeitstages wird somit zweifellos zugleich die Tendenz nach möglichster Ausdehnung der Akkordarbeit in sich tragen; und in den Augen dessen, der „Akkordarbeit für Mordarbeit" erklärt, könnte somit der Segen des Achtstundentages stark herabgemindert erscheinen. Aber gerade durch unsere Untersuchung erweist es sich als unerlaubt, das soeben angeführte geflügelte Wort, selbst wenn man ihm an sich nicht jede Berechtigung abspricht, mit der Kürze des Arbeitstages in Verbindung zu bringen. Freilich, Akkordarbeit ist Mordarbeit bei unnatürlicher Anspannung der Kräfte, sie ist aufreibend für den, der fortwährend mit dem Gedanken, nur ja recht viel fertig zu bringen, arbeitet; aber wir haben ja gerade gesehen, daß ein solcher Zustand gar nicht in Frage kommt, daß der Arbeiter vielmehr sich der Mehrarbeit bei verkürzter Zeit derart anpaßt, daß ihm das Gefühl dafür gänzlich verloren geht. Falls also jene Phrase überhaupt Berechtigung hat, so wird ihr diese gerade durch die Aufstellung unseres Optimums radikal genommen.

Dies der eine Punkt. Der andere betrifft die durch Verkürzung der Arbeitszeit herbeigeführte **Verlängerung der Muße** und insbesondere die Frage, was der Arbeiter mit dieser Mußezeit anfangen könne und solle. Die allgemeine Beantwortung dieser Frage liegt dem Unternehmer fern; aber **ein** spezielles Interesse hat er dabei, weil sonst die ganze Tendenz des Verfahrens vereitelt werden würde: der Angestellte ist verpflichtet, diejenigen Funktionen seines körperlichen und geistigen Organismus, die er in seiner Berufstätigkeit benutzt, während seiner Muße durchaus ruhen zu lassen; eine derartige Bestimmung ist in der Tat im Zeißwerke getroffen. Ob er im übrigen während der Muße gar nichts oder dies oder jenes tut, kann der Verwaltung in der Hauptsache gleichgültig sein. Geeignete Tätigkeiten, die zur Haupttätigkeit in einem gewissen ergänzenden Gegensatze stehen, findet der Einzelne, je nach Geschmack und Fähigkeiten, schon mit der Zeit heraus, Familie und Häuslichkeit geben ohnehin hierfür Anhaltspunkte. Und denjenigen, die da sagen, mit der freien Zeit steige auch die Gelegenheit zu ihrem Mißbrauch, ist einfach zu erwidern: wer lumpen will, der bringt das in gleichem Maße fertig, ob er nun eine Stunde mehr oder weniger zur Verfügung hat. Keinesfalls aber darf man einen großen Fortschritt bekämpfen wegen einer schädlichen Konsequenz, die er etwa für eine kleine Minderheit derer hat, die seine Früchte genießen.

So ist denn nach Ablauf des erwähnten Probejahres bei Carl Zeiß am 1. April 1901 der achtstündige Arbeitstag endgültig eingeführt worden, und zwar nicht, wie in einigen Berliner Betrieben (viele gibt es in ganz Deutschland noch nicht), in ununterbrochener Folge, sondern, den Verhältnissen der Kleinstadt angepaßt, mit zweistündiger Mittagspause, nämlich im **Sommer**: 7 bis $1/_2 12$ Uhr und $1/_2 2 - 5$ Uhr, im **Winter**: $1/_2 8 - 12$ und $2 - 5 1/_2$ Uhr. Ueberstunden dürfen nur in ganz exzeptionellen Fällen eingeführt und müssen dann entsprechend honoriert werden; andererseits darf die Arbeitszeit auch nur in ganz besonderen Fällen verkürzt werden, resp. es muß, falls dies geschieht, der volle Zeitlohn weiter gezahlt werden.

Und nun, zum Schlusse dieses Abschnitts, noch eine kurze Betrachtung, die auf den ersten Blick mit dem Gegenstande desselben außer Beziehung steht. Eine Reihe von Jahren hindurch wurde im Zeiß-Werk am 1. Mai von 11 Uhr ab gefeiert. Als dies seinerzeit bekannt wurde, erhob sich in manchen Kreisen ein großes Gezeter ob dieses Entgegenkommens gegen die Sozialdemokratie, das geradezu als eine Kapitulation erklärt wurde. Nur Diejenigen, welche der denkwürdigen Versammlung beigewohnt haben, in der Abbe seinen erwähnten Vortrag über den achtstündigen Arbeitstag hielt, wußten, wie die Sache innerlich zusammenhing. Denn nachdem der Redner in einer, der Materie entsprechend, wissenschaftlich nüchternen Weise die Theorie des physiologischen Arbeitsgleichgewichts und des Optimums für die tägliche Arbeitszeit entwickelt, nachdem er über seine rechnerischen Prüfungen der Frage am eigenen Unternehmen berichtet hatte, gab er zum Schlusse mit steigender Wärme und seelischer Erregung einen Ueberblick über die Vorgeschichte des jetzt in Jena Erreichten. Er begann mit der Schilderung der entsetzlichen Verhältnisse noch gegen die Mitte des 19. Jahrhunderts, wo 13- bis 15-stündige Arbeitszeiten üblich waren und das Dasein der Arbeiter kaum lebenswert genannt werden konnte. Und dann sprach er von jener denkwürdigen Bill, die im englischen Parlament 1847 eingebracht wurde, die Beschränkung der Arbeitsdauer für Frauen betreffend, jener Bill, für die Macaulay seine berühmte Rede hielt, und die, einmal angenommen, den Stein ins Rollen brachte. Jener Tag aber, an dem die erste Morgenröte sozialen Fortschritts der Arbeiterschaft der Welt aufleuchtete, war der 1. Mai.

Inzwischen haben sich die Verhältnisse bedauerlicherweise derart verändert, daß die Beibehaltung der offiziellen Maifeier auch so vorteilsfreien Verwaltungen wie der des Zeißwerkes zur Unmöglichkeit wurde; denn aus einem historischen Gedenktag ist ein parteipolitisches Machtfest geworden. Der Betrieb läuft daher auch bei Zeiß jetzt am 1. Mai normal weiter, nur daß Angestellte, die zu feiern wünschen, den rechtzeitig erbetenen Urlaub — soweit die Lage des Betriebes das erlaubt — bereitwilligst erhalten.

Die besonderen Leistungen für die Angestellten.

Wenn wir jetzt zu der Fürsorge kommen, welche das Unternehmen seinen Angestellten im Falle von Erholungsbedürftigkeit, Krankheit, Invalidität, Alter und Tod angedeihen läßt, so müssen wir weit hinter das Ursprungsdatum des Statuts zurückgehen, da jene Fürsorge natürlich nicht erst mit diesem Statut eingesetzt hat, sondern durch dasselbe nur kodifiziert und erweitert worden ist.

a) Urlaub in Zeitlohn. Wir wollen dabei staffelweise vorgehen und mit dem Falle einfacher Erholungsbedürftigkeit beginnen. Wenn jeder Beamte alljährlich einen Urlaub erhält, während dessen er seinen Gehalt weiter bezieht, so ist es nur eine Forderung der Billigkeit, daß man dem auf Lohn gestellten Arbeiter gegenüber ebenso verfahre. Andererseits ist nicht zu verlangen, daß man bei den Akkordarbeitern den wirklichen Akkordverdienst auch während des Urlaubs zahle, da dieser den Zeitlohn und einen Aufschlag für besondere Tüchtigkeit, Geschicklichkeit, Leistungsfähigkeit enthält. Demgemäß erhält jeder Arbeiter des Zeiß-Werks für 6 Tage im Jahre Urlaub unter Fortzahlung des Normalzeitlohns; selbstverständlich müssen dabei die Urlauber sich untereinander und mit der Verwaltung wegen dienstgemäßer Verteilung der Urlaubszeiten über das ganze Jahr verständigen, eine Verständigung, die bisher niemals Schwierigkeiten verursacht hat.

Uebrigens wird, hiervon abgesehen, jeder Wunsch von Angestellten, einen kurzen Urlaub zum Zwecke des Besuchs einer Ausstellung, einer Versammlung u. dgl. zu erhalten, bereitwilligst erfüllt, ja unter Umständen werden sie auf solche Gelegenheiten, sich fortzubilden und ihren Anschauungskreis zu erweitern, geradezu aufmerksam gemacht und ihnen entsprechende materielle Beihilfe gewährt.

b) Krankenkasse. 1875 wurde in der damals 60 Arbeiter zählenden Optischen Werkstätte eine eigene Krankenkasse gegründet, die von den regelmäßigen Beiträgen ihrer Mitglieder und gelegentlichen Zuwendungen der Geschäftsinhaber unterhalten wurde. 1884 wurde sie der inzwischen eingetretenen Reichsgesetzgebung als Betriebskrankenkasse angepaßt; das Krankengeld war für ein halbes Jahr auf $^3/_4$ des Lohnes, für ein weiteres Vierteljahr eventuell noch auf das Notwendige bemessen, die Aerztewahl war frei, der Beitrag der Versicherten betrug 1,2 Proz. des festen Lohnes, weitere 0,6 Proz. steuerte die Firma bei. 1892 wurde der ganze Kassenbeitrag auf 3,2 Proz. des Lohnes, neuerdings auf 4 Proz. des 5 M. nicht übersteigenden Tagesverdienstes erhöht und die Mehreinnahmen benutzt, um auch die Familienangehörigen der Arbeiter an den Wohltaten teilnehmen zu lassen; die Firma übernahm bei dieser Gelegenheit durchschnittlich die

Hälfte aller Beiträge, ohne von ihrem durch das Reichsgesetz festgestellten Recht der Einmischung in die Kassenverwaltung einen anderen Gebrauch zu machen, als in Gestalt eines Vetorechts bei Beitrags-, Statutenänderungen und Kassenauflösung. Eine weitere Steigerung der Kassenleistungen, nämlich eine Ausdehnung der Krankenversicherung auf ein ganzes Jahr, ist seit 1. Januar 1902 eingetreten.

c) Pensionsstatut. Auch die Fürsorge, die das Unternehmen seinen Arbeitern für die Zeit der Invalidität und des Alters zu teil werden läßt, setzt schon vor der Ordnung der betreffenden Angelegenheiten durch die Reichsgesetzgebung, nämlich durch das im Jahre 1888 am Todestage von Carl Zeiß ausgegebene Pensionsstatut ein und geht überdies weit über den Rahmen des gesetzlich Geforderten hinaus, teils hinsichtlich der Beträge, welche die Arbeiter selbst zu erwarten haben, teils durch den Umstand, daß auch ihre Hinterbliebenen an den Wohltaten teilnehmen. Im Stiftungsstatut ist dann später vorgesehen worden, unter welchen Umständen die Leistungen noch günstiger zu gestalten sind, und da diese Umstände inzwischen eingetreten sind, gelten nunmehr folgende Bestimmungen:

Jeder Beamte, Gehilfe und Arbeiter, der vor Vollendung des 40. Lebensjahres in den Dienst eines Stiftungsbetriebes tritt, hat nach 5-jähriger Dienstzeit klagbaren Anspruch auf Pension für sich selbst im Invaliditäts- oder Altersfalle, für seine Witwe und Waisen im Falle seines Todes. Die pensionsfähige Dienstzeit beginnt mit Vollendung des 18. Lebensjahres, die Maximalsätze des pensionsfähigen Monatseinkommens betragen nach 5-, 10-, 15-jähriger Dienstzeit bezw. 100, 120, 140 M. für die Arbeiter, 120, 160, 200 M. für die Werkmeister, Kontoristen und andere Gehilfen, und von diesen Sätzen macht die Invalidenpension bis zum 15. Dienstjahre 50 Proz., von da ab für jedes Jahr 1 Proz. mehr aus, bis sie nach 40 Jahren 75 Proz. beträgt; die Alterspension in letzterer Höhe tritt nach Vollendung des 65. Lebensjahres und zugleich mindestens 30-jähriger Dienstzeit ein, nach dem 70. sogar ohne diese Beschränkung; endlich bezieht die Witwe $^4/_{10}$, jede Waise $^2/_{10}$ der Invalidenpension, die dem Mann und Vater gebührt hätte, jedoch mit der Maßgabe, daß im ganzen nicht mehr als $^8/_{10}$ gezahlt werden.

Die Zahlung der, wie man sich vorstellen wird, gewaltigen Summen, die hierdurch erforderlich werden, ist durch den nach bestimmten Grundsätzen von Jahr zu Jahr neu dotierten Reservefonds gewährleistet. Indessen erschien es doch angezeigt, eine gewisse Beweglichkeit zu schaffen für Fälle, in denen der Reservefonds nicht genügend leistungsfähig sein sollte. Es ist daher bestimmt, daß die Angehörigen zur Beteiligung an der Witwen- und Waisenversicherung, und zwar mit einem sehr mäßigen Satze, herangezogen werden dürfen; für die Versicherung der Angestellten selbst dürfen indessen (auch in solchen Fällen) niemals Beiträge von diesen erhoben werden.

Eine wesentliche Ergänzung aber der gesamten Pensionseinrichtung liegt in der Bestimmung, daß Geschäftsangehörige, welche für „den Fall ihrer Invalidität Pensionsansprüche erworben haben, und welche nun durch Krankheit oder sonst ohne grobes Verschulden einen erheblichen Teil ihrer Arbeitsfähigkeit eingebüßt haben, nur noch unter Gewährung der statutenmäßigen Pension entlassen werden dürfen". Hierdurch wird auch formellrechtlich verhindert, was freilich schon durch die Vorschriften der Statuten und die Uninteressiertheit der Geschäftsleitung ausgeschlossen erscheint, daß man lästig gewordene Angestellte entläßt, um sich der Verpflichtung zu entziehen, sie später zu pensionieren.

d) Abgangsentschädigung. Unter den Forderungen, welche die Arbeiterparteien in ihrem Emanzipationskampfe aufstellen, ist eine der idealsten zweifellos das Recht auf Arbeit; ideal sowohl in dem Sinne, daß man sich der hohen ethischen Berechtigung der Forderung nicht entziehen kann, als auch in dem Sinne, daß ihre reale Erfüllung äußerst schwierig, wenn nicht gar unmöglich erscheint. Solange aber hierfür von Staats wegen nichts geschehen kann, ist es Aufgabe aller Privatunternehmer, wenigstens die schlimmsten Uebelstände auf diesem Gebiete zu beseitigen. Und zu diesen Mißständen gehört in erster Linie die mit dem Aufblühen des Erfindergeistes und der industriellen Tätigkeit in immer riesigerem Maßstabe auftretende Gepflogenheit der Unternehmer, Arbeiter nach Belieben anzuwerben und zu entlassen; sie durch verlockende Angebote aus einer bescheideneren, aber dauernden Tätigkeit zu reißen und sie nach kurzer Zeit, wenn der Rahm von der betreffenden neuen Fabrikation abgeschöpft ist, auf die Straße zu setzen. In der Erkenntnis, daß hierdurch einerseits eine bedenkliche Masse arbeitslosen Proletariats geradezu gezüchtet, andererseits in vielen Fällen Ueberproduktion erzeugt wird, ist in das Statut der Carl Zeiß-Stiftung eine bedeutsame Bestimmung aufgenommen worden, welche die Einstellung neuer Arbeiter für voraussichtlich kurze Zeit beträchtlich zu erschweren geeignet ist. Es muß nämlich jedem, seit mindesten einem halben Jahre tätigen (in kündbarem Verhältnis stehenden) Angestellten, welchem von seiten der Firma gekündigt wird, ohne daß die Veranlassung hierzu in dem Angestellten selbst läge, eine Abgangsentschädigung bar ausgezahlt werden, welche für diejenigen, die eine dreijährige Dienstzeit hinter sich haben, mindestens so viel wie der halbjährliche Lohn oder Gehalt und mindestens so viel wie der, für ein Viertel der abgelaufenen pensionsfähigen Dienstzeit berechnete, Pensionsanspruch beträgt, während sie bei kürzerer Dienstzeit entsprechend geringer bemessen ist.

Diese Abgangsentschädigung stellt offenbar eine Art von Arbeitslosenversicherung dar; eine Art von zeitweiliger Versorgung der Entlassenen, die sie in den Stand setzt, sich mit Ruhe nach anderen, ihnen passenden Stellen umzusehen.

Die Entschädigung ist so hoch bemessen, daß sie einen jener Betriebe, bei denen die Arbeiterzahl in der landesüblichen Weise fortwährend wechselt, binnen kurzem an den Rand des finanziellen Abgrundes bringen würde. Bei Carl Zeiß soll sie, wie gesagt, vornehmlich prohibitiv — gegen die unvorsichtige Erhöhung der Arbeiterzahl — wirken. In der Tat ist die Bestimmung bisher nur einmal in erheblichem Umfange in Kraft getreten, nämlich am 1. August 1903, wo infolge des Zusammentreffens verwickelter Umstände 60 Arbeiter als überzählig entlassen wurden und etwa 30 000 Mark Entschädigung erhielten.

c) Endlich gehören hierher noch die zahlreichen besonderen Einrichtungen, die in dem Unternehmen bestehen — zum Teil ohne Beispiel in anderen Betrieben — und welche den Angestellten in der einen oder anderen Form zu gute kommen. Die folgenden mögen erwähnt werden.

Lohnzahlung für alle in die Woche fallenden Feiertage (2 bis 3 zu Weihnachten, je 2 zu Ostern und Pfingsten, Karfreitag, Himmelfahrt, Bußtag, Neujahr sowie für den freien Nachmittag des Pfingstsonnabends); es bedeutet dies immerhin 10—11 Tageslöhne, also eine Erhöhung des Jahresverdienstes um etwa 3 Proz.

Fabrik-Sparkasse, in die jeder Arbeiter einen Teil seines Verdienstes bis zur Höhe von 1000 M. einlegen kann, und die ihm, da sie 5 Proz. Zinsen gibt, einen erheblichen Nutzen gegenüber anderen Kassen gewährt, — von der Bequemlichkeit der Einlage, in der an sich schon ein Anreiz zum Sparen liegt, ganz abgesehen.

Hochzeits- und Jubiläumsgeschenke, letztere abgestuft je nach Art des Jubiläums.

Gewährung von Bauhilfsgeldern zu billigem Zinsfuße, wodurch zahlreichen Angestellten die Möglichkeit geboten ist, sich ein eigenes Haus zu bauen. (Von der Baugenossenschaft wird später die Rede sein.)

Jährliche, nicht unerhebliche Beiträge zu den gewerblichen Fortbildungsschulen sowie Einrichtung besonderer Kurse in Fächern, deren Verständnis für die Arbeiter des Unternehmens von hervorragender Wichtigkeit ist.

Freitische für jugendliche Arbeiter.

Aerztliche Untersuchung der jugendlichen Arbeiter (seit Herbst 1892), um rechtzeitiges Einschreiten bei gewissen, gerade in diesem Alter so häufigen Erkrankungen bezw. Krankheitsdispositionen zu ermöglichen. Diese, in ihrer Art wohl einzig dastehende Einrichtung hat sich als außerordentlich segensreich bewährt und nachweislich schon vielen jungen Leuten Leben und Gesundheit gerettet.

Badeanstalt für Kranke (Wannenbäder, russisches Dampfbad, Duschen, Massage) und für Gesunde. Es kann während der ganzen 8-stündigen Arbeitszeit gebadet werden, und es wird zu diesem Zwecke in jeder Woche eine halbe Stunde zugeschlagen. Alles ist gratis, auch die Utensilien. Jährlich werden etwa 40000 Bäder genommen.

Noch andere Einrichtungen resp. Aufwendungen sollen, da sie nicht auf den Kreis der Angestellten beschränkt sind, später erwähnt werden.

Die Patentfrage.

Wenn man den auf dem Gebiete der praktischen Optik beispiellosen Entwickelungsgang der Jenaer Werkstätte völlig würdigen will, so darf man einen wichtigen Punkt nicht außer acht lassen. Gerade für die Schaffung einer Industrie und für ihre erstmalige Entwickelung wird von vielen Seiten als erforderlich bezeichnet ein ausgedehnter und wirksamer Schutz ihrer Erzeugnisse; unter diesen Schutzmaßregeln stehen obenan Schutzzölle und Patente. Das Zeiß-Werk bietet ein glänzendes Beispiel dafür dar, daß ein neues Unternehmen sich auch ohne derartige Unterstützungen einen Platz, und noch dazu einen hervorragenden, auf seinem Felde zu erobern vermag; denn der Schutzzoll für die Produkte der Feinmechanik und Optik ist niemals irgendwie erheblich gewesen, und neuerdings tritt die Deutsche Gesellschaft für Optik und Mechanik, nicht zuletzt angeregt durch Abbesche Einflüsse, dafür ein, es beim alten zu belassen und aus eigener Kraft das Feld behaupten zu dürfen.

Ganz besonders eklatant aber ist das Verhältnis des Jenaer Unternehmens zur Patentfrage. Vier Jahrzehnte lang hat es ohne allen Patentschutz gearbeitet, und doch haben seine Mikroskope allen anderen den Rang abgelaufen, lediglich vermöge ihrer vorzüglichen Qualität. So bestimmt denn auch das Statut für alle Zukunft, daß Erzeugnisse, welche ihrer Bestimmung nach wesentlich Zwecken des Studiums und der wissenschaftlichen Forschung dienen, dem Wettbewerb anderer durch Patentnahme oder dergl. nicht entzogen werden dürfen.

Anders liegt die Sache bei Instrumenten und Apparaten zu praktischem Gebrauche. Als mit der Erfindung des Anastigmaten für photographische Zwecke diese Frage zum ersten Male auftauchte, mußte man sich sagen, daß man in diesen und ähnlichen Fällen durch Freigeben der Fabrikation nicht nur sich selbst, sondern indirekt auch der Allgemeinheit einen Schaden zufügen würde, der durch den Wert jenes ethischen Gedankens nicht aufgewogen werden würde. Denn es waren im wesentlichen nur zwei Fälle denkbar: entweder andere lieferten den Artikel billiger und schlechter, und dann wurde die Güte der Idee in den Augen des Publikums heruntergedrückt; oder sie lieferten ihn in derselben Vorzüglichkeit, dann mußte eine Zersplitterung der Fabrikation eintreten, welche ihrerseits den Preis in die Höhe schrauben und so den Gewinn des Publikums durch Ersparnis des Patentaufschlags wieder wett machen mußte. Dazu kommt aber als ganz wesentlich die Erwägung, daß die Stiftung zwar allen Anlaß hat, die Vertreter der Wissenschaft, denen sie doch mit ihre eigene Entstehung verdankt, nicht zur Zahlung von imaginären Preisaufschlägen zu zwingen; daß sie aber dem sonstigen Kundenkreise gegenüber keine Verpflichtung besitzt, die nicht zurücktreten müßte hinter die Verpflichtungen gegen die eigenen Angestellten, denen doch die Stiftung in erster Reihe dienen soll; und daß für diese eine Schädigung eintritt, wenn man dem Unternehmen eine Einnahmequelle entzieht, liegt auf der Hand.

Soweit die Prinzipienfrage. In der Wirklichkeit liegen die Dinge leider so, daß man das Patentwesen fast als ein notwendiges Uebel bezeichnen muß; und wer Gelegenheit hat, mit den führenden Männern bei den Jenaer Betrieben persönlich zu verkehren, der wird bei Beobachtung des jetzigen Zustandes und in Erinnerung an die gute, alte, patentlose Zeit einen Seufzer nicht unterdrücken können. Denn nicht nur verursacht die Entnahme jedes Patentes viele, an sich unproduktive Mühe; aus dem Patente wird auch gar zu leicht ein Patentstreit, und am leichtesten auf einem Gebiete, wo es sich meist um feinste Unterschiede, um detailliertes Wissen handelt. Wer wollte verlangen, daß das Patentamt oder gar der Gerichtshof in solchen Fällen immer die absolute Wahrheit fände? Eine Niederlage aber in diesem Streite muß natürlich dem, der sich im Rechte glaubt, ganz besonders nahe gehen, wenn es einer ist, der nicht für sich selbst, sondern für höhere Zwecke der Menschheit arbeitet. Dazu kommt aber noch ein weiterer Punkt, nämlich der, daß auch in manchen Fällen, wo sich über die Entscheidung, die das Gesetz gibt, gar nicht streiten läßt, wo es z. B. nach dem Gesetze ein Patentrecht zweifellos nicht gibt, dies doch dem natürlichen Empfinden widerspricht. Oder wird man es aus solchem Empfinden heraus als gerecht bezeichnen, daß die bildaufrichtende Prismenkombination, die den Feldstechern und terrestrischen Fernrohren zu Grunde liegt, und die in Jena selbständig erfunden worden ist, nicht patentiert werden konnte, weil sie 40 Jahre vorher schon erfunden worden war und seitdem ein latentes Dasein gefristet hat? Wird man es für gerecht befinden, daß sich nun, wo diese Erfindung zu allgemeinem Nutzen verwertet wird, alle anderen Fabrikanten ihrerseits auf die Ausbeutung stürzen, an die sie doch bisher nicht im entferntesten gedacht haben; an die sie so ganz und gar nicht gedacht haben, daß man zweifellos sagen muß: was sie jetzt fabrizieren, sind nicht die Porroschen, sondern die Abbeschen Prismen?

Aber so ist es nun einmal im Leben. Jede neue und vortreffliche Einrichtung, und eine solche ist zweifellos das Patentwesen, kommt, wie jede konkrete Maschine, nur mit einem Bruchteile ihrer theoretischen Leistung zur Geltung, und man muß zufrieden sein, wenn nur dieser Bruchteil überhaupt merklich größer ist als null.

Das Patentwesen der Firmen Carl Zeiß und Schott und Genossen wird von dem durch mehrere Hilfskräfte unterstützten Ingenieur Dönitz und, soweit es zu Patentstreiten führt, von dem Rechtsanwalt Dr. Paul Fischer bearbeitet.

Die Aufwendungen für die Universität.

Nach dem Gange der Entwickelung, welche die neueste Zeit genommen hat, wird es auf allen Gebieten den Kleinen immer schwieriger, im Wettlaufe mit den Großen standzuhalten. Das gilt nicht bloß in der Industrie und im Handel, das gilt ebenso auch im Staatswesen, und zwar in allen seinen Zweigen. Für einen Kleinstaat sind die allgemeinen Spesen relativ viel größer als bei einem Großstaate. Denn die staatlichen Einrichtungen lassen nicht, wie die Mannigfaltigkeit der Zahlen, Brüche zu. Ein Kleinstaat, der z. B. am Hochschulwesen überhaupt Anteil haben will, ist in übler Lage, weil er doch nicht weniger als eine ganze Hochschule unterhalten kann, während vielleicht nur eine halbe auf ihn entfiele. Die sächsischen Herzogtümer, die aus dem ehemaligen Kurfürstentum Sachsen hervorgegangen sind, haben nur knapp eine Million Einwohner, während z. B. die preußische Rheinprovinz deren nahezu 6 Millionen hat. Unter diesen Umständen ist es einleuchtend, daß es, selbst bei Anspannung aller Kräfte, unmöglich ist, der Universität Jena so viel staatliche Mittel zur Verfügung zu stellen, wie es der preußische Staat hinsichtlich der Universität Bonn zu tun in der Lage ist. So wäre es denn sehr zweifelhaft, ob die thüringische Hochschule den mächtig aufstrebenden Anforderungen der Gegenwart voll würde genügen können, wenn ihr nicht von privater Seite in der Form von Stiftungen reiche Mittel zuflössen. Unter diesen Zuwendungen nehmen die aus der Carl Zeiß-Stiftung bei weitem die erste Stelle ein; ja es darf getrost gesagt werden, daß so gewaltige Summen, wie die hier in Betracht kommenden, in Deutschland keiner anderen Hochschule und überhaupt keinem anderen wissenschaftlichen Unternehmen aus einer privaten Quelle zufließen.

Die von der Carl Zeiß-Stiftung für die Zwecke der Universität zur Verfügung gestellten Summen sind zweierlei Art, nämlich 1) regelmäßige, nach bestimmten Normen erfolgende Zuwendungen, welche in einen besonderen Fonds, den Universitätsfonds der Carl Zeiß-Stiftung fließen, und 2) außerordentliche einmalige Zuwendungen. Jene dienen zur Unterhaltung und Erweiterung von Instituten, ihrer Einrichtungen und Sammlungen, sowie zur Besoldung einer Anzahl von Professoren, diese sind für besondere einmalige Zwecke größeren Umfangs bestimmt. Für alle war anfänglich Grundbedingung, daß hierdurch die naturwissenschaftlichen Studien gefördert werden, und zwar in erster Reihe diejenigen Studien, welche im engeren Zusammenhang mit den Aufgaben der von der Stiftung unterhaltenen industriellen Betriebe stehen; neuerdings (seit Erlaß des Ergänzungs-Statuts) sind auch allgemeine Hochschul-Interessen in den Kreis aufgenommen worden. Um nur einiges zu erwähnen, so sind mit den Mitteln der Carl Zeiß-Stiftung im Laufe des letzten Jahrzehnts geschaffen worden: Neubauten des physikalischen, hygienischen, mineralogischen Instituts, Einrichtung eines Instituts für wissenschaftliche Mikroskopie, ein Erweiterungsbau des chemischen Instituts und die Angliederung einer Erdbeben-Hauptstation an das Gebäude der Sternwarte. Eine besondere Bereicherung aber, durch die Jena neben Göttingen einzig dasteht unter den Universitäten Deutschlands, besteht in der unter Otto Schotts privater Beihilfe erfolgten Schaffung zweier Institute für technische Physik und technische Chemie, in denen den Studierenden, also den zukünftigen Lehrern, Gelegenheit geboten sein soll, die für die gesamte Allgemeinbildung so wichtigen Hauptprozesse der physikalischen und chemischen Technologie aus eigener Anschauung kennen zu lernen, eine Gelegenheit, die übrigens auch für diejenigen von unschätzbarem Vorteil ist, die sich während des Ganges ihrer Studien aus irgend einem Anlaß bewogen fühlen, die Lehrerkarriere aufzugeben und in die physikalische oder chemische Praxis überzugehen. Ferner ist hervorzuheben die Neuordnung der Professorengehälter, die ohne Mitwirkung der Carl Zeiß-Stiftung sicher nicht zu stande gekommen wäre, und von der bald noch in anderem Zusammenhange die Rede sein wird. Die Gewährung einer besonders kräftigen Beihilfe aber hat es ermöglicht, für das alte, den Anforderungen unserer Tage längst nicht mehr entsprechende Kollegiengebäude einen Neubau auszuführen, der, von Theodor

Fischer aus Stuttgart geschaffen, vielleicht der schönste im Reiche zu werden verspricht und bei Gelegenheit des 350-jährigen Universitätsjubiläums im nächsten Jahre feierlich eröffnet werden soll. Die Gesamtsumme der auf diese Weise der Hochschule gewordenen Zuwendungen hat die erste Million längst überschritten und wird die zweite vielleicht schon erreicht haben.

Das Volkshaus.

Wenn man die Tendenz charakterisieren sollte, die in den Bestimmungen über die Verwendung der Ueberschüsse der Carl Zeiß-Stiftung, soweit sie nicht auf die Angestellten des Unternehmens entfallen, zu Tage tritt, so würde man einigermaßen in Verlegenheit geraten; denn es ist nicht ganz leicht, den richtigen Ausdruck zu finden. Man könnte sie als „demokratisch" bezeichnen, müßte aber hinzusetzen, daß dieses Wort nicht im landläufig einseitigen Sinne zu verstehen ist, sondern in demjenigen umfassenden Sinne, in welchem der Volksbegriff wirklich die ganze Bevölkerung des Staates einschließt. Es soll nicht ein Stand gegenüber einem anderen bevorzugt werden; und wenn es vielleicht den Anschein hat, als sei es doch so, als würden die niederen Volksschichten, als würde die arbeitende Klasse bevorzugt, so kommt das nur daher, daß diese Klasse bisher auffallend vernachlässigt worden ist, daß für sie also mehr nachzuholen ist, als für die oberen Schichten.

Hiervon und von den schon genannten Leistungen für die Universität abgesehen, ist es also ausdrückliche Bedingung für die Verwendung der Stiftungsmittel, daß sie allen, und nicht bloß einzelnen Interessentengruppen zu gute kommen; also insbesondere, daß sie Verwendung finden ohne Rücksicht auf bestimmte politische Parteien, auf bestimmte Stände, auf bestimmte Glaubensbekenntnisse, auf bestimmte persönliche Lebensverhältnisse. Das ist bei allen Unternehmungen der Stiftung festgehalten, und so auch bei derjenigen Institution, die man jetzt wohl als den Stolz Jenas bezeichnen kann, seinem Volkshaus.

Wenn man aus dem Verwaltungsgebäude der Optischen Werkstätte auf den Carl Zeiß-Platz hinaustritt, so erblickt man ein, seit kurzem in allen seinen Teilen vollendetes und der Benutzung übergebenes imposantes Gebäude, das sich in Grundriß und Dekoration in vornehm diskreter Weise an Formen der deutschen Re-

Fig. 94. Volkshaus.

naissance anlehnt. Es ist das von der Zeiß-Stiftung mit einem Aufwande von fast einer Million errichtete Volkshaus, in dem sich die öffentliche Lesehalle mit Bibliothek, das „literarische Museum", das Schaeffer-Museum, die Gewerbeschule, ein großer Saal für Versammlungen, Konzerte und Feste, zwei Säle für Vorträge, eine Kunstausstellung, Ateliers für Künstler und Amateurphotographen, Musikzimmer u. s. w. befinden.

Schon vor einer Reihe von Jahren war ein Lesehallenverein begründet und zunächst in gemieteten Räumen untergebracht worden; jetzt hat er hier ein eigenes Heim erhalten. Zum größeren

Fig. 95. Lesehalle.

Teil durch die Mittel der Carl Zeiß-Stiftung, zum kleineren durch die Beiträge ordentlicher und außerordentlicher Mitglieder werden die laufenden Ausgaben bestritten. Andere reguläre Einnahmen als die genannten gibt es nicht, da die Benutzung für jedermann frei ist, und etwaige Spenden seitens solcher Benutzer, denen ihre Mittel das erlauben, durchaus freiwillige sind. Und trotzdem, und obwohl doch Jena selbst heute, nachdem es sich zu einer Volkszahl von rund 30 000 aufgeschwungen hat, immer noch eine kleine Stadt ist, ist die Jenaer Lesehalle diejenige, welche über die schönsten, modernsten und behaglichsten Räume verfügt, welche am meisten Zeitungen, Zeitschriften und Broschüren auslegt, und welche sich dementsprechend des relativ größten Zuspruchs erfreut von allen im Deutschen Reiche.

Gemäß dem eingangs besprochenen Grundsatze der Stiftung sind unter rund 100 politischen Blättern, welche ausliegen, alle politischen Richtungen vertreten; in das Deutsch der heutzutage weit verbreiteten Anschauungen übersetzt, besagt das, daß auch sozialdemokratische Blätter ausliegen, eine Tatsache, die viel Staub aufgewirbelt hat, auf Grund der angegebenen Sachlage begreiflicherweise umsonst. Es soll eben in diesem Raume jeder das finden, was er sucht, und es ist dabei überdies recht unlogisch gedacht, wenn man annimmt, daß ein jeder nur sein Parteiblatt suche; bietet doch die Lesehalle gerade für den, der sein Parteiblatt daheim liest, die erwünschte Gelegenheit, seinen Gesichtskreis zu erweitern und seine Objektivität zu stärken, indem er zur Ergänzung hier auch Stimmen aus den übrigen Lagern vernimmt. Tatsächlich sitzen in der Lesehalle Personen aller Stände, der Professor und der Student, der Rentner und der Arbeiter, friedlich nebeneinander. Wie der genannte Saal im Erdgeschoß die politischen, so enthält der entsprechende Saal im ersten Stock die belehrenden und unterhaltenden Zeitschriften, und zwar weit mehr als 300. An ihn schließt sich ein Zimmer, in dem Patentschriften, Nachschlagewerke und, in buntem Wechsel, Broschüren, in denen brennende Tagesfragen behandelt werden, ausliegen.

Mit der Lesehalle durch dieselbe Verwaltung vereinigt ist eine öffentliche Bibliothek, die aus ihrem Bücherbestande jährlich mehr als 100000 Bände an die Leser von Jena und den Nachbarorten kostenlos ausleiht. Die erzählende und belehrende Literatur kommen dabei in gleicher Weise zu ihrem Recht; und auch hier braucht man nur Zuschauer während der Ausleihzeit zu sein, um sich zu überzeugen, daß der Arbeiter- und Bauernstand einen erheblichen Anteil an dem lesenden Publikum stellt, Männer und Frauen, die sich häufig von den Beamten Lektüre empfehlen lassen, mit der Zeit aber in ihrem Bildungsgrade sich so weit heben, daß sie nun auch eigene Wünsche zu äußern vermögen.

In demselben Flügel befindet sich ferner die Gewerbeschule und das Schaeffer-Museum, letzteres eine von dem verstorbenen Professor Schaeffer privatim geschaffene und nach seinem Tode von der Carl Zeiß-Stiftung erworbene Sammlung einfacher, aber höchst mannigfaltiger und für den Elementarunterricht geeigneter physikalischer Apparate, die ein vortreffliches Inventarium abgeben für die Vorträge, durch die namentlich jüngeren Arbeitern der Optischen Werkstätte Gelegenheit geboten werden soll, sich fortzubilden; ein dem Museum angegliederter Saal ist speziell für physikalische Vorträge und Experimente eingerichtet.

Die Brücke von dem eben behandelten linken Flügel zum rechten bildet ein Mittelbau, in dem unten der eben genannte, darüber aber ein zweiter Saal, für etwa 200 Personen, untergebracht ist. Dieser letztere ist in einer Weise, die die Hand des modernen Künstlers auf den ersten Blick verrät, malerisch dekoriert durch Erich Kuithan, den die Carl Zeiß-Stiftung eigens zu dem Zwecke nach Jena berufen hat, um nicht nur für ihre Betriebe, sondern für die Allgemeinheit durch Schaffen und Lehren auf künstlerischem und kunstgewerblichem Gebiete tätig zu sein — ein weiteres Zeugnis dafür, wie umfassend die Stiftung ihre Aufgabe, das Kulturniveau zu heben, betätigt.

Der rechte Flügel wird, von einigen Räumen für Kunstausstellung u. s. w. abgesehen, vollständig eingenommen von einem großen Saal für etwa 1400 Personen, mit besonders reichlichen Nebenräumen, dem größten und zugleich dem einzigen künstlerisch hervorragenden Saale Jenas. Dieser Saal soll in erster Reihe zu Versammlungen des Geschäftspersonals der Optischen Werkstätte und der Glashütte dienen, welches, nahezu 2500 Köpfe zählend, bisher ohne ausreichendes Asyl war; des weiteren aber für Versammlungen, Vorträge und Veranstaltungen der verschiedensten politischen, wirtschaftlichen u. s. w. Gruppen. Und auch hier ist es wiederum die wichtigste Mission, die dieser Saal zu erfüllen hat: daß er zur Verfügung gestellt werden soll ohne Rücksicht auf Partei- und sonstige Stellung, daß er also zur Verfügung gestellt werden soll auch den politischen Parteien, und von diesen wird eine den Hauptvorteil von ihm haben, nämlich die sozialdemokratische Partei — einen Vorteil, der aber nur insofern einer ist, als er einen bisherigen Nachteil, die Unmöglichkeit oder äußerste Schwierigkeit, einen Versammlungsraum zu erhalten, im Bezirke Jena endlich beseitigt.

Sehr rege ist auch die Benutzung des Saales zu wissenschaftlichen und künstlerischen Vorträgen und Demonstrationen, zu Konzerten, denen die neuerdings aufgestellte, nach dem neuesten Stande der Technik gebaute Orgel von mehr als 2500 Pfeifen zu statten kommt, sowie zu geselligen Zusammenkünften aller Kreise, aus denen sich die Bevölkerung Jenas zusammensetzt.

Sonstige gemeinnützige Aufwände.

Das Jenaer Volkshaus steht, in Deutschland wenigstens, so einzigartig da, daß es eine etwas eingehende Besprechung erheischte. Um so kürzer müssen wir uns bei den übrigen Betätigungen der Carl Zeiß-Stiftung im allgemeinen Volksinteresse fassen. Es seien daher nur die folgenden hervorgehoben:

Die Jenaer Baugenossenschaft. In wenigen Gemeinden wird sich in neuester Zeit die Not an kleinen Wohnungen in dem Maße fühlbar gemacht haben, wie in dem in raschestem Aufblühen begriffenen Jena, wo allein die beiden Betriebe von Zeiß und Schott, dann aber auch die Eisenbahnwerkstätten und manche andere Unternehmungen einen jährlichen Seelenzuwachs von 6 bis 8 Prozent bedingen. Dieser Not hat die im Jahre 1896 begründete Baugenossenschaft im wesentlichen ein Ende gemacht, indem sie nach und nach für etwa 150—200 Familien gute und preiswerte Wohnungen schuf, durch ihr Beispiel auch die private Bautätigkeit anregte und schließlich auch auf die Verhältnisse der schon bestehenden Wohnungen einen regulierenden Einfluß ausübte. Obgleich die Genossenschaft im Prinzip aus eigener Kraft, d. h. aus den Anteilen der Genossen wirtschaftet, wäre ihre erste Grundlegung und Entwickelung doch kaum möglich gewesen ohne die finanzielle Mitwirkung gut situierter Kreise und ganz besonders ohne die der Carl Zeiß-Stiftung, welche ihr erstens einen Betrag von 15 000 M. à fonds perdu und zweitens einen ebenso großen zu dem niedrigen Zinsfuß von 3 Prozent zur Verfügung stellte.

Die volkstümlichen Belehrungskurse und Unterhaltungsabende der Comenius-Gesellschaft, die von den Firmen Carl Zeiß und Schott u. Gen. materiell fundiert wurden und sich äußerst regen Zuspruchs erfreuen.

Ferner: Beträchtliche Zuschüsse für die Sophienheilstätte für Lungenkranke bei Berka a. d. Ilm; für das Kinderheim in Jena; für die Hauspflege des Vereins Frauenwohl, für die Flußbadeanstalten in Jena und dem Nachbarort Wenigenjena; für die gewerblichen Fortbildungsschulen und manches andere mehr. Ein sehr beträchtlicher Beitrag endlich ist bereitgestellt für den Bau und die Einrichtung eines Hallenschwimmbades, das die Stadt Jena demnächst erhalten soll.

Das Prinzip der Objektivität und der ausgleichenden Gerechtigkeit, das wir nun schon wiederholt betont haben, gibt uns schließlich Anlaß, noch einmal auf die **Beziehungen der Stiftung zur Hochschule** zurückzukommen und zwar zu dem schon angedeuteten Kapitel der Neuordnung der Professorengehälter, welche, unter wesentlicher Mitwirkung der Stiftung, einem längst als unhaltbar empfundenen Zustande ein Ende teils gemacht hat, teils in absehbarer Zeit machen wird. Bisher erhielten die Jenaer Professoren ihre Besoldung in zweierlei Art: sie erhielten erstens ein sehr mäßiges und hinter dem sonst üblichen weit zurückstehendes Gehalt, und sie genossen gewissermaßen zur Entschädigung Steuerfreiheit. Es ist einleuchtend, daß diese Entschädigung für die Wohlhabenden sehr beträchtlich, für die Unbemittelten aber kaum nennenswert war, daß also die ganze Einrichtung, die überdies den Jenaer Professoren eine moralisch und gesellschaftlich nicht eben angenehme Sonderstellung verlieh, die Reichen gegenüber den Unbemittelten begünstigte. Man sieht, daß hier die Ideen Abbes und die Mittel der Carl Zeiß-Stiftung geradezu herausgefordert wurden, sich zu betätigen, und das ist denn auch durch die Beseitigung der Steuerfreiheit und die Schaffung einer neuen Gehaltsordnung geschehen. Wenn bei dieser Angelegenheit von seiten Abbes zwei Bedingungen an die Hergabe neuer Mittel für Personal- und Realzwecke geknüpft wurden, so wird man dies schon an sich begreiflich finden, ganz besonders aber, wenn man hört, daß auch diese Bedingungen wieder Ausflüsse des Prinzips der Objektivität und der Universalität sind: es soll erstens die Lehrfreiheit sowie die geistige Freiheit der Lehrer an der Universität niemals angetastet werden, und es sollen zweitens die Anstalten der Universität, soweit dies tunlich ist, auch für die Zwecke der University-Extension, der **Volksbildung**, hergegeben werden.

Wir sind am Ende. In den vorstehenden Blättern haben wir versucht, einen Einblick zu gewinnen in ein Unternehmen von eigenartiger Natur, in ein Unternehmen, dem die innige Vereinigung von Idealismus und Realismus den Stempel aufprägt; in ein Unternehmen, das sich im Laufe eines halben Jahrhunderts eine Weltstellung erobert und den Ort, wo es seinen Sitz hat, von Grund aus umgewandelt hat. Denn aus dem einstigen stillen Universitätsstädtchen ist eine Industriestadt mit regem, emsigem Volksleben geworden. Neben allen denen, die dieses Aufschwunges froh werden, fehlt es auch nicht an einigen anderen, die grollend beiseite stehen und in dieser Umwandlung eine wenig erwünschte Entwickelung erblicken. Was würden — so sagen sie — die großen Geister der Vorzeit, was würde Jenas größter Gast, der so oft und immer wieder mit neuem Entzücken in dem „lieben närrischen Nest" geweilt hat, zu dieser „Degradierung" sagen! Nun, war er es nicht selbst, der seinen Faust herausgeführt hat aus der weltabgeschiedenen Studierstube, der ihn erst Befreiung und Seligkeit finden ließ im Wirken für andere, für alle? Das einstige Jena ist der Faust des ersten Teils, der Faust der Studierstube; jetzt ist es, wie der Faust des zweiten Teils, herausgetreten in das reale Leben, an wichtigster Stelle tätig an dem großen Deichbau gegen das Meer von Elend und Laster, das unsere Kultur zu überschwemmen droht. Und wie Faust, so mag auch der Mann, dem das Zeiß-Werk seine Größe und die Zeiß-Stiftung ihr Dasein verdankt, im ahnenden Vorgefühl gehandelt haben:

„Solch ein Gewimmel möcht ich sehn,
Auf freiem Grund mit freiem Volke stehn!" —

Und aus der Erkenntnis, daß er in dem furchtbaren modernen Labyrinth, das wir „soziale Frage" zu nennen pflegen, ein Stück Weg, das nach dem Ausgang hinweist, beleuchtet und gangbar gemacht hat, schöpfen wir die Hoffnung und die Ueberzeugung, es werde die Spur seines Wirkens und seines Werkes
„nicht in Aeonen untergehn!"

Beilagen.

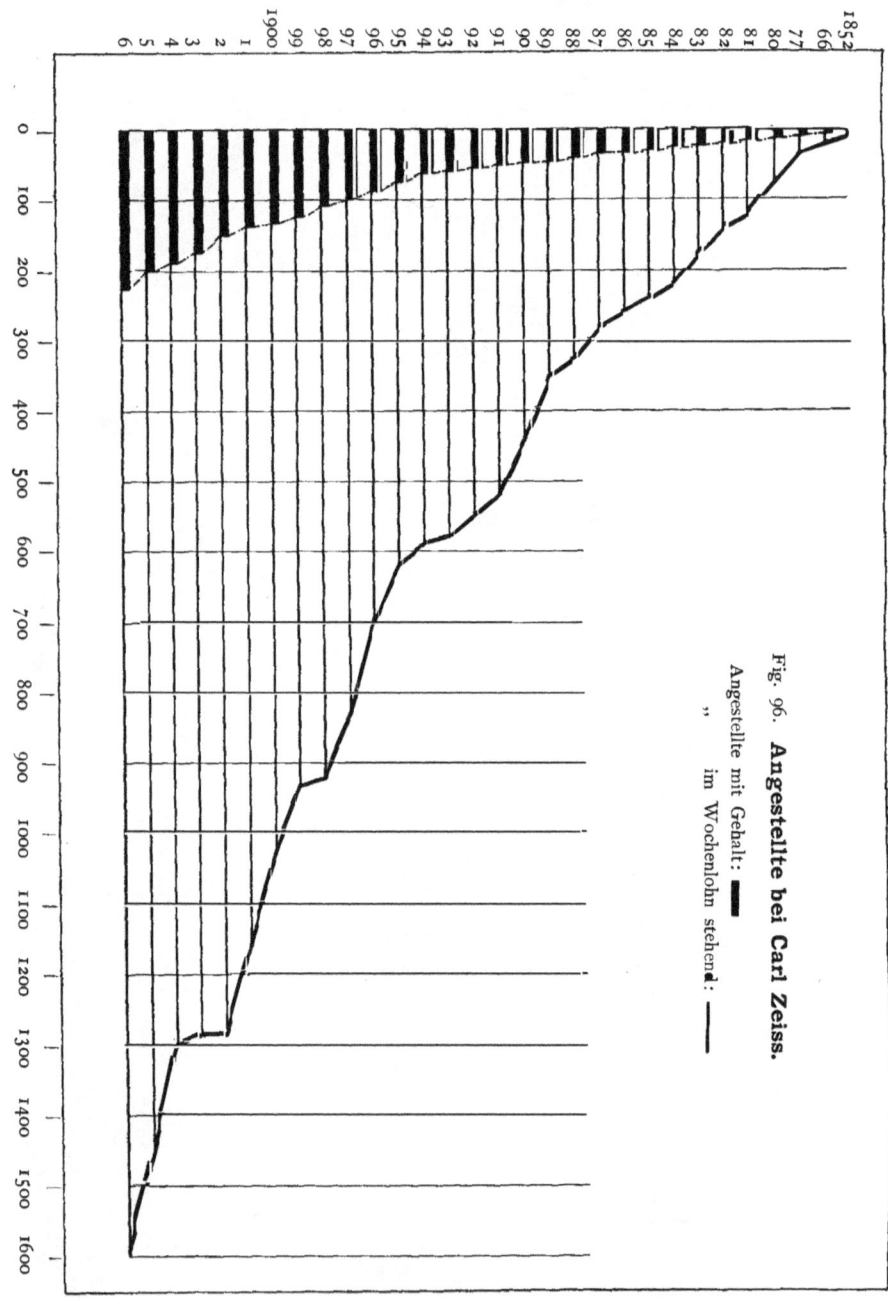

Fig. 96. **Angestellte bei Carl Zeiss.**
Angestellte mit Gehalt: ▬
„ im Wochenlohn stehend: —

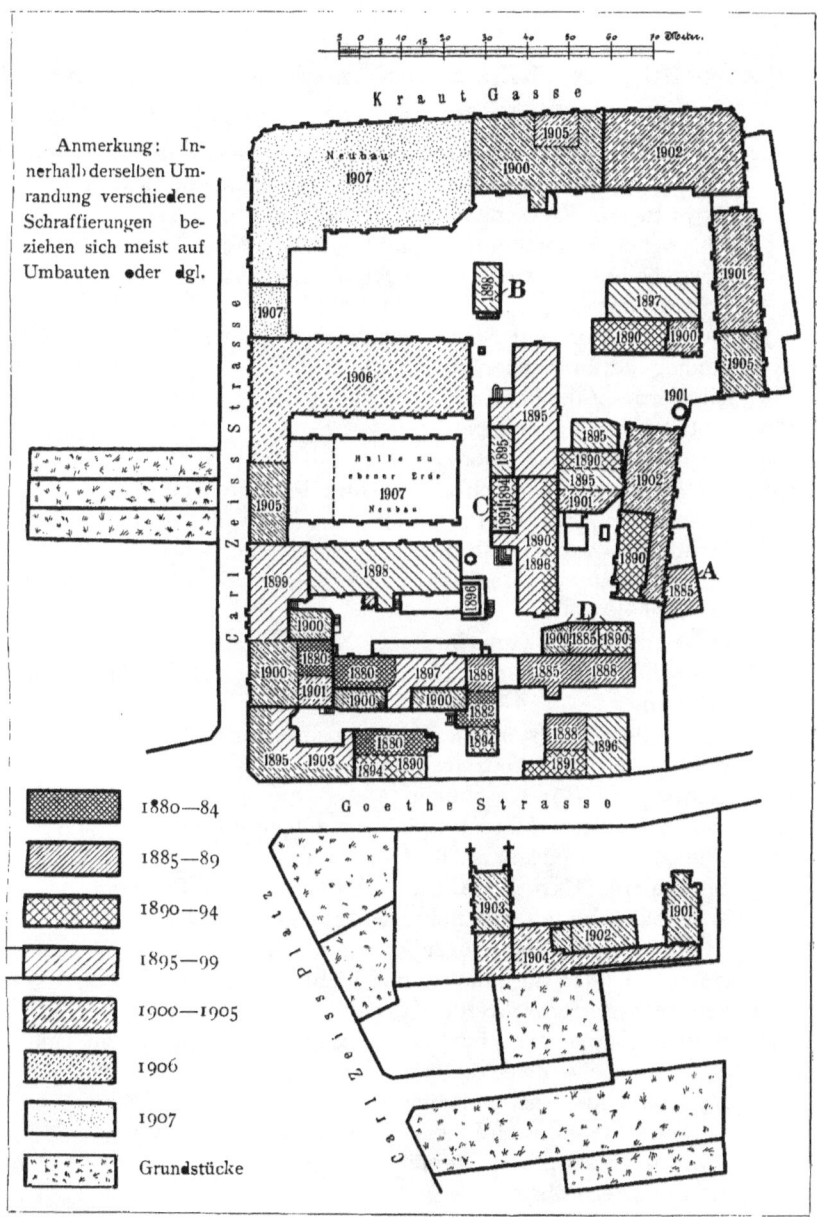

Fig. 97. **Bauliche Entwickelung der Werkstätte.**

Die wichtigsten Erfindungen und Neukonstruktionen.
(Maßgebend in der Regel die erste Veröffentlichung.)

1868 Einführung des Verfahrens der vollständigen theoretischen Vorausbestimmung aller Konstruktionselemente des Mikroskops in die Werkstätte durch Abbe.
1872 Abbescher Beleuchtungsapparat mit einer Apertur > 1,0.
„ Ausgabe der ersten nach Abbe berechneten Mikroskop-Immersionssysteme.
1874 Refraktometer und Spektrometer nach Abbe.
1878 Homogene Immersionssysteme.
„ Blutkörper-Zählapparate.
1881 Abbescher Zeichenapparat.
1885 Apparat für Mikrophotographie.
1886 Apochromate, Kompensations- und Projektionsokulare.
1888 Großer Apparat für Projektion und Mikrophotographie.
1889 Monobrom-Naphtalin-Immersionssystem num. Ap. 1,60.
1890 „Anastigmat" (photographisches Objektiv), später „Protar" genannt.
1892 Zielfernrohre für Gewehre.
1893 Doppelfeldstecher und Relieffernrohr mit bildumkehrenden Prismen.
„ Stereotelemeter (stereoskopischer Entfernungsmesser).
„ Butter- und Milchfettrefraktometer.
1894 Zielfernrohre für Geschütze.
1895 „Doppel-Protar" (photographisches Objektiv).
1896 „Planar" (photographisches Objektiv).
1897 Binokulare Mikroskope mit bildumkehrenden Prismen.
1898 Mikroskopoberteil mit neuer Mikrometerbewegung.
„ „Epidiaskop" (Projektionsapparat für Beleuchtung mit auffallendem oder durchfallendem Licht).
1900 Prismenvisierfernrohr für Gewehre.
1901 Stereo-Komparator (für astronomische, topographische und metronomische Zwecke).
„ Signalapparate für künstliches Licht.
1902 „Tessar" (photographisches Objektiv).
„ „Ultramikroskop". — Verant.
1903 Aussichtsfernrohre.
1904 Ultraviolett-Mikroskop.

1906 Blink-Mikroskop, Meyersches Entlastungssystem.
„ Neues Tele-Objektiv.
1907 Monokulare Telemeter.

Mitglieder der Geschäftsleitung von Carl Zeiß.

Name	Eintritt in die Werkstätte	Eintritt in die Geschäftsleitung
Czapski, Prof. Dr. Siegfried	1884	1891
Fischer, Max	1890	1895
Straubel, Dr. Rudolf, Prof. a. d. Univ.	1901	1903

Wissenschaftliche Mitarbeiter bei Carl Zeiß.

Name	Eintritt in die Werkstätte	Arbeitsgebiet
Ambronn, Dr. Hermann, Prof. a. d. Universität	1899	Leitung der Mikro-Abteilung
Braun, Carl, Oberleutnant zur See a. D.	1900	Militärisches u. s. w.
Breitfuss, Ludwig, Ing.	1906	Wissensch. Vertreter in St. Petersburg
Culmann, Dr. Paul	1900	Wissensch. Vertreter in Paris
Dönitz, Emil, Ingenieur	1898	Patentbureau-Leitung
Ehlers, Dr. Johann	1903	Sonderaufgaben
Eppenstein, Dr. Otto	1907	Tele-Abteilung
Finkelstein, Alfred, Ingenieur	1907	Konstruktion
Fischer, Paul, Rechtsanwalt	1900	Juristischer Beirat der beiden Stiftungsbetriebe
Forstmann, Hauptmann a. D.	1905	Militärisches u. s. w.
Gundlach, Dr. Carl	1906	Projektion und Reproduktion
Henker, Dr. Otto	1903	Optische Messungen
Herschkowitsch, Dr. Mordko	1902	Physikal.-chemisches Laboratorium (Leitung)
Köhler, Dr. August	1900	Leitung d. Abteilung f. Mikrophotographie und Projektion
König, Dr. Albert	1894	Astro- u. Erdfernrohre, Theoretische Leitung

Name	Eintritt in die Werkstätte	Arbeitsgebiet
Lehmann, Dr. Hans	1905	Sonderaufgaben
Löwe, Dr. Friedrich	1899	Meß-Abteilung
Mackensen, Otto, Ingenieur	1907	Konstruktion
Meyer, Franz, Ingenieur	1903	Astronomische Montage
Pauly, Dr. Max	1897	Leitung der Astro-Abteilung
Pulfrich, Dr. Carl	1890	Leitung der Meß-Abteilung
Riedel, Dr. Paul	1879	Sonderaufgaben
v. Rohr, Dr. Moritz	1895	Theoretiker versch. Abteilungen
Roth, Dr. Paul	1907	Konstruktion
Rudolph, Dr. Paul	1886	Leitung der Photo-Abteilung
Schomerus, Dr. Friedrich	1906	Personal- und Wohlfahrtsangelegenheiten
Schüttauf, Richard	1890	Photo-Abteilung
Sieber, Hans	1907	Tele-Abteilung
Siedentopf, Dr. Henry	1899	Sonderaufgaben
Villiger, Dr. Walter	1902	Astro-Abteilung
Wandersleb, Dr. Ernst	1901	Photo-Abteilung

Wissenschaftliche Mitarbeiter bei Schott u. Genossen.

Schott, Dr. Otto	1882	Leiter und Mitinhaber
Grieshammer, Emil	1887	Chemie
Hahn, Konrad, Ingenieur	1906	Technik und Elektrotechnik
Schaller, Dr. Robert	1903	Chemie
Zschimmer, Dr. Eberhard	1900	Allgemeines und Sonderaufgaben

Soziale und Wohlfahrtseinrichtungen.

1875, 1. Jan. Begründung der Carl Zeißschen **Krankenkasse**, bei etwa 60 Arbeitern. (Verpflichtung zum Beitritt; freie Behandlung durch angestellten Kassenarzt, freie Medikamente und, bei Arbeitsunfähigkeit, eine jährlich von der Generalversammlung festzusetzende Geldunterstützung für 6 Wochen und, in halber Höhe, für 6 weitere Wochen; nur gelegentliche Zuschüsse der Geschäftsinhaber.)

1885, 1. Jan. Umwandlung der Krankenkasse in eine „**Betriebskrankenkasse**", auch das Glaswerk umfassend, auf Grund des Reichsgesetzes vom 15. Juni 1883. (Freie Aerztewahl; volle Krankenunterstützung bis zu einem halben Jahr, verminderte für noch weitere 13 Wochen auf Vorstandsbeschluß; Krankengeld $^3/_4$ des festen Lohnes; Verpflichtung der Firma zur Zahlung von mindestens dem gesetzlichen Drittel der Beiträge; vollständige Selbstverwaltung durch die Mitglieder.)

1888, 3. Dez. (Todestag von Carl Zeiß) Datierung des (etwas später ausgegebenen) gemeinsamen **Pensionsstatuts** der Firmen Carl Zeiß und Schott u. Gen. (Invaliditäts- und Altersrente (50—75 Proz. des pensionsfähigen Lohns; Witwen- und Waisenpension $^4/_{10}$ bezw. $^2/_{10}$ der Pension des Mannes; Beginn der pensionsfähigen Dienstzeit mit dem 19. Lebensjahr; Anspruch nach 5-jähriger Dienstzeit; Höchstbeträge des pensionsfähigen Einkommens bei Arbeitern 80, 100, 120 M., bei Beamten 100, 130, 160 M. monatlich je nach Länge der Dienstzeit; keine Beiträge der Geschäftsangehörigen).

1889, 19. Mai Gründung der „**Carl Zeiß-Stiftung zu Jena**" durch den Mitinhaber der Firma Prof. Abbe aus seinem Privatvermögen, damals nur für Universitätszwecke; 21. Mai landesherrliche Bestätigung.

1891, 1. Juli Uebergang der Optischen Werkstätte und des Glaswerks in das Eigentum bezw. Miteigentum der **Carl Zeiß-Stiftung**.

1892, 1. April Erste Kodifizierung des „**Arbeitsvertrags**" (Arbeitsordnung) der Optischen Werkstätte (neunstündige Arbeitszeit; garantierter fester Wochenlohn auch bei Akkordarbeitern; Ueberstunden und Sonntagsarbeit nur freiwillig und mit Lohnzuschlag von 25 Proz.).

Im Herbst Einrichtung halbjährlicher **ärztlicher Untersuchungen** der jugendlichen Arbeiter und Lehrlinge behufs Vorbeugens, bezw. rechtzeitigen Einschreitens bei Krankheitsdispositionen u. s. w.

1893, 1. Jan. Revision des Statuts der Betriebskranken-kasse. (Einführung der Familienversicherung; freie ärztliche Behandlung, freie Heilmittel und Sterbegeld; Bezahlung von ⅝ der Beiträge bei Unverheirateten, von ⅜ bei Verheirateten durch die Firma.)

1. April Eröffnung eines Sparkontos für Geschäfts-angehörige (besonders jugendliche) mit 5-proz. Verzinsung.

1896, 26. Aug. Ausgabe des Statuts der Carl Zeiß-Stiftung (26. Juli durch Prof. Abbe unterschriftlich voll-zogen, 30. Juli landesherrlich bestätigt).
Einführung der Gewinnbeteiligung (jährliche „Lohn- und Gehaltsnachzahlung").
Gewährung von jährlich einer Woche Urlaub mit Lohnzahlung.

1. Okt. Inkrafttreten des Statuts der Carl Zeiß-Stiftung an Stelle der Stiftungsurkunde vom 19. Mai 1889. (Damit u. a. spezialisierte Festlegung der Rechte und Pflichten der Arbeitnehmer, ins-besondere freie Ausübung aller persönlichen und bürgerlichen Rechte; Nichtherabsetzbarkeit des ein-mal gewährten Wochenlohns, auch bei Verkürzung der Arbeitszeit; Bezahlung der Wochenfeiertage; bezahlter Urlaub für ehrenamtliche Tätigkeit; Ab-gangsentschädigung bei unverschuldeter Kündigung seitens der Firma in Höhe von mindestens dem halben Jahreslohn; Recht auf Wiedereinstellung in bestimmten Fällen der Dienstunterbrechung.)

1. Nov. Inbetriebnahme der Oeffentlichen Lesehalle zu Jena, in Eigentum und Verwaltung des Lese-hallenvereins, mit erheblicher Unterstützung seitens der Carl Zeiß-Stiftung.

1897, 9. Jan. Errichtung eines ständigen Arbeiteraus-schusses der Optischen Werkstätte.

1. Sept. Revision des gemeinsamen Pensionsstatuts der beiden Firmen. (Erhöhung der pensionsfähigen Maxi-malbeträge für Arbeiter auf 100 bezw. 120 und 140

Mark, für Beamte auf 120, 160 und 200 Mark monatlich; Beginn der pensionsfähigen Dienstzeit mit dem 18. Lebensjahr; bei Dienstunterbrechung Anrechnung der früheren Dienstzeit; dafür Heranziehung der Verheirateten zu Beiträgen für die Hinterbliebenenpension, in Höhe der Hälfte der Risikoprämie, die durch die Familienversicherung erwächst.) Revision des Arbeitsvertrages (Bezahlung von Versäumnissen für Feuerwehrdienst, Kontrollversammlung und Ersatzgeschäft; Lohnzuschlag von 50 Proz. für Sonntags- und Nachtarbeit).

1900, 12. Febr. Nachtrag zum Arbeitsvertrag, betreffend § 616 des Bürgerlichen Gesetzbuches. (Weitere Ausdehnung der Bezahlung unverschuldeter Versäumnisse, z. B. bei militärischen Uebungen bis 2 Wochen.)

1. April Einführung des Achtstundentags. (Damit zugleich Beseitigung der Frühstücks- und Vesperpause und Verbot des Alkoholgenusses innerhalb der Werkstätte.)

20. April Eröffnung der Fabrikbadeanstalt. (Baden auch während der Arbeitszeit; 1902: über 40 000 Bäder verabfolgt, bei nur 9 Zellen und einem Krankenbad.)

1902, 10. Febr. Einrichtung und erstmalige Wahl der „Siebenerkommission" aus den Mitgliedern des Arbeiterausschusses.

1. Juni Ausdehnung der Leistungen der Betriebskrankenkasse auf ein volles Jahr.

1. Sept. Begründung einer Zuschußkrankenkasse durch die Betriebsangehörigen. (Zuschuß zum Krankengeld bis zur Höhe des vollen Verdienstes.)

20. Sept. u. 12. Okt. Uebergabe der Räume des neuerbauten Volkshauses an den Lesehallenverein und die Großherzogliche Gewerbeschule.

1903, 1. Nov. Saal des Volkshauses eingeweiht.

22. Dez. Beginn der Prämiierung von brauchbaren Verbesserungsvorschlägen der Arbeiter.

	22. Dez.	Eine Spar- und Darlehnskasse auf genossenschaftlicher Grundlage wird gegründet. Mitgliederzahl im Jahre 1906: 525.
1905,	Juni	Einführung der Fabrikation von Limonaden und Selterwasser; Verkauf zum Selbstkostenpreis an die Betriebsangehörigen.
1906,	1. Jan.	Inkrafttreten des endgültigen Stiftungsstatuts.
	23. Juli	Revidierter Arbeitsvertrag tritt in Kraft. Verbesserungen u. a.: Der Nachmittag des Pfingstsonnabends wird bezahlter Festtag, für Arbeit an Feiertagen, die in die Woche fallen, wird ein Aufschlag von 100 Proz. bezahlt, bei militärischen Uebungen wird die Hälfte der Arbeitsversäumnis bezahlt.
1907,	2. Juni	Verkauf von Milch in Halbliterflaschen innerhalb der Werkstätte. Täglicher Konsum 4—500 Flaschen.

Gesamtansicht der optischen Werkstätte 1907.

www.ingramcontent.com/pod-product-compliance
Lightning Source LLC
Chambersburg PA
CBHW021710230426
43668CB00008B/782